U0515636

海上絲綢之路基本文獻叢書

諸夷考
百夷傳
九夷古事

〔明〕遊朴 撰／〔明〕李思聰 撰／〔明〕趙釴 撰

文物出版社

圖書在版編目（CIP）數據

諸夷考 /（明）遊朴撰．百夷傳 /（明）李思聰撰．九夷古事 /（明）趙釴撰．-- 北京 : 文物出版社，2022.6
（海上絲綢之路基本文獻叢書）
ISBN 978-7-5010-7515-7

Ⅰ．①諸… ②百… ③九… Ⅱ．①遊… ②李… ③趙… Ⅲ．①歷史地理－東南亞－明代②古代民族－民族歷史－雲南－明代③古代民族－民族歷史－貴州－明代 Ⅳ．①K916.41 ②K289

中國版本圖書館CIP數據核字（2022）第068554號

海上絲綢之路基本文獻叢書

諸夷考·百夷傳·九夷古事

著　　者：〔明〕遊朴　〔明〕李思聰　〔明〕趙釴
策　　划：盛世博閱（北京）文化有限責任公司

封面設計：鞏榮彪
責任編輯：劉永海
責任印製：張道奇

出版發行：文物出版社
社　　址：北京市東城區東直門内北小街2號樓
郵　　編：100007
網　　址：http://www.wenwu.com
郵　　箱：web@wenwu.com
經　　銷：新華書店
印　　刷：北京旺都印務有限公司
開　　本：787mm×1092mm　1/16
印　　張：13.375
版　　次：2022年6月第1版
印　　次：2022年6月第1次印刷
書　　號：ISBN 978-7-5010-7515-7
定　　價：90.00圓

總緒

海上絲綢之路，一般意義上是指從秦漢至鴉片戰争前中國與世界進行政治、經濟、文化交流的海上通道，主要分爲經由黄海、東海的海路最終抵達日本列島及朝鮮半島的東海航綫和以徐聞、合浦、廣州、泉州爲起點通往東南亞及印度洋地區的南海航綫。

在中國古代文獻中，最早、最詳細記載『海上絲綢之路』航綫的是東漢班固的《漢書·地理志》，詳細記載了西漢黄門譯長率領應募者入海『齎黄金雜繒而往』之事，書中所出現的地理記載與東南亞地區相關，并與實際的地理狀況基本相符。

東漢後，中國進入魏晉南北朝長達三百多年的分裂割據時期，絲路上的交往也走向低谷。這一時期的絲路交往，以法顯的西行最爲著名。法顯作爲從陸路西行到印度，再由海路回國的第一人，根據親身經歷所寫的《佛國記》（又稱《法顯傳》）一書，詳細介紹了古代中亞和印度、巴基斯坦、斯里蘭卡等地的歷史及風土人情，是瞭解和研究海陸絲綢之路的珍貴歷史資料。

隨着隋唐的統一，中國經濟重心的南移，中國與西方交通以海路爲主，海上絲綢之路進入大發展時期。廣州成爲唐朝最大的海外貿易中心，朝廷設立市舶司，專門管理海外貿易。唐代著名的地理學家賈耽（七三〇～八〇五年）的《皇華四達記》記載了從廣州通往阿拉伯地區的海上交通『廣州通夷道』，詳述了從廣州港出發，經越南、馬來半島、蘇門答臘半島至印度、錫蘭，直至波斯灣沿岸各國的航綫及沿途地區的方位、名稱、島礁、山川、民俗等。譯經大師義净西行求法，將沿途見聞寫成著作《大唐西域求法高僧傳》，詳細記載了海上絲綢之路的發展變化，是我們瞭解絲綢之路不可多得的第一手資料。

宋代的造船技術和航海技術顯著提高，指南針廣泛應用於航海，中國商船的遠航能力大大提升。北宋徐兢的《宣和奉使高麗圖經》詳細記述了船舶製造、海洋地理和往來航綫，是研究宋代海外交通史、中朝友好關係史、中朝經濟文化交流史的重要文獻。南宋趙汝適《諸蕃志》記載，南海有五十三個國家和地區與南宋通商貿易，形成了通往日本、高麗、東南亞、印度、波斯、阿拉伯等地的『海上絲綢之路』。宋代爲了加强商貿往來，於北宋神宗元豐三年（一〇八〇年）頒佈了中國歷史上第一部海洋貿易管理條例《廣州市舶條法》，并稱爲宋代貿易管理的制度範本。

元朝在經濟上採用重商主義政策，鼓勵海外貿易，中國與歐洲的聯繫與交往非常頻繁，其中馬可・波羅、伊本・白圖泰等歐洲旅行家來到中國，留下了大量的旅行記，記録元代海上絲綢之路的盛况。元代的汪大淵兩次出海，撰寫出《島夷志略》一書，記録了二百多個國名和地名，其中不少首次見於中國著録，涉及的地理範圍東至菲律賓群島，西至非洲。這些都反映了元朝時中西經濟文化交流的豐富内容。

明、清政府先後多次實施海禁政策，海上絲綢之路的貿易逐漸衰落。但是從明永樂三年至明宣德八年的二十八年裏，鄭和率船隊七下西洋，先後到達的國家多達三十多個，在進行經貿交流的同時，也極大地促進了中外文化的交流，這些都詳見於《西洋蕃國志》《星槎勝覽》《瀛涯勝覽》等典籍中。

關於海上絲綢之路的文獻記述，除上述官員、學者、求法或傳教高僧以及旅行者的著作外，自《漢書》之後，歷代正史大都列有《地理志》《四夷傳》《西域傳》《外國傳》《蠻夷傳》《屬國傳》等篇章，加上唐宋以來衆多的典制類文獻、地方史志文獻，集中反映了歷代王朝對於周邊部族、政權以及西方世界的認識，都是關於海上絲綢之路的原始史料性文獻。

海上絲綢之路概念的形成，經歷了一個演變的過程。十九世紀七十年代德國地理學家費迪南・馮・李希霍芬（Ferdinad Von Richthofen，一八三三～一九〇五），在其《中國：親身旅行和研究成果》第三卷中首次把輸出中國絲綢的東西陸路稱爲『絲綢之路』。有『歐洲漢學泰斗』之稱的法國漢學家沙畹（Édouard Chavannes，一八六五～一九一八），在其一九〇三年著作的《西突厥史料》中提出『絲路有海陸兩道』，蘊涵了海上絲綢之路最初提法。迄今發現最早正式提出『海上絲綢之路』一詞的是日本考古學家三杉隆敏，他在一九六七年出版《中國瓷器之旅：探索海上的絲綢之路》一書，其立意和出發點局限在東西方之間的陶瓷貿易與交流史。

二十世紀八十年代以來，在海外交通史研究中，『海上絲綢之路』一詞逐漸成爲中外學術界廣泛接受的概念。根據姚楠等人研究，饒宗頤先生是華人中最早提出『海上絲綢之路』的人，他的《海道之絲路與昆侖舶》正式提出『海上絲路』的稱謂。此後，大陸學者選堂先生評價海上絲綢之路是外交、貿易和文化交流作用的通道。

馮蔚然在一九七八年編寫的《航運史話》中，使用『海上絲綢之路』一詞，這是迄今學界查到的中國大陸最早使用『海上絲綢之路』的人，更多地限於航海活動領域的考察。一九八〇年北京大學陳炎教授提出『海上絲綢之路』研究，并於一九八一年發表《略論海上絲綢之路》一文。他對海上絲綢之路的理解超越以往，且帶有濃厚的愛國主義思想。陳炎教授之後，從事研究海上絲綢之路的學者越來越多，尤其沿海港口城市向聯合國申請海上絲綢之路非物質文化遺産活動，將海上絲綢之路研究推向新高潮。另外，國家把建設『絲綢之路經濟帶』和『二十一世紀海上絲綢之路』作爲對外發展方針，將這一學術課題提升爲國家願景的高度，使海上絲綢之路形成超越學術進入政經層面的熱潮。

與海上絲綢之路學的萬千氣象相對應，海上絲綢之路文獻的整理工作仍顯滯後，遠遠跟不上突飛猛進的研究進展。二〇一八年厦門大學、中山大學等單位聯合發起『海上絲綢之路文獻集成』專案，尚在醞釀當中。我們不揣淺陋，深入調查，廣泛搜集，將有關海上絲綢之路的原始史料文獻和研究文獻，分爲風俗物産、雜史筆記、海防海事、典章檔案等六個類别，彙編成《海上絲綢之路歷史文化叢書》，於二〇二〇年影印出版。此輯面市以來，深受各大圖書館及相關研究者好評。爲讓更多的讀者親近古籍文獻，我們遴選出前編中的菁華，彙編成《海上絲綢之路基本文獻叢書》，以單行本影印出版，以饗讀者，以期爲讀者展現出一幅幅中外經濟文化交流的精美畫卷，爲海上絲綢之路的研究提供歷史借鑒，爲『二十一世紀海上絲綢之路』倡議構想的實踐做好歷史的詮釋和注脚，從而達到『以史爲鑒』『古爲今用』的目的。

凡例

一、本編注重史料的珍稀性，從《海上絲綢之路歷史文化叢書》中遴選出菁華，擬出版百册單行本。

二、本編所選之文獻，其編纂的年代下限至一九四九年。

三、本編排序無嚴格定式，所選之文獻篇幅以二百餘頁爲宜，以便讀者閱讀使用。

四、本編所選文獻，每種前皆注明版本、著者。

五、本編文獻皆爲影印，原始文本掃描之後經過修復處理，仍存原式，少數文獻由於原始底本欠佳，略有模糊之處，不影響閱讀使用。

六、本編原始底本非一時一地之出版物，原書裝幀、開本多有不同，本書彙編之後，統一爲十六開右翻本。

目録

諸夷考

諸夷考

三卷

〔明〕游朴　撰

明萬曆刻本

諸夷考序

少司馬蔡龍陽公在粵藩時為東夷圖說首朝鮮終黑鬼凡二十餘國貌其形而各疏其山川風俗附以嶺海奇聞又總為之敘於盛衰安危之故三致意焉既梓行粵中矣越數年倭奴彼猖據朝鮮窺遼左中土戒嚴督府蕭念渠公治師備海戈船下瀨之將雲布境上百執

事相見曰談兵也於是中丞王徽吾公戒先震鄰屬費唐衢方伯徵是書則司馬遷秩時携其梓去矣方伯從民間索得一帙以復諸中丞因謂不佞粵中不可無此書不佞曰然適中丞朱明虹公

西南夷紀方伯見之又謂兩粵之

東西夷之為利害亦同也盍

詺不佞曰然廼采海圖說炎徼紀

閩廣東西志所載合司馬之書為諸夷考以付梓人西戎北虜別為考以俟他日司馬之言曰夷之盛衰中國安危之係也豈不信然唐疲於吐蕃西夷也宋敝於女直東夷也以古鏡今端可睹矣然昔人猶有釋吳楚為外懼之說焉蓋戎狄交侵而周業興呼韓稽顙而漢焰熸盛衰安危機不在夷而在我姑無遠

引即以圖說中朝鮮言之隋煬窮四海之力發兵至十三百萬東征再駕卒困於夷唐文皇併天下乘百勝餘威滅高昌擒突厥胡越一家而遼左無功賫憤以沒何其堅也廼今蕞爾倭奴曾不比於隋唐之俘虜一旦而舉朝鮮若振槁何哉則以蒙中國字小之仁二百餘年不見兵革狃於承平之故爾烏獲按劍

千夫不前釋介而寀童子得以制其命矣易曰喪羊于易朝鮮之謂歟天朝撫盈成之運匈奴解辮欵塞奉約東二十年窮荒絶島鳥言獸服莫不㰚山航海輸賮獻琛罔敢後期民亡援枹之警士亡枕戈之虞是固外寧內憂之會也既濟衣袽能無長慮故列叙諸夷用備鑒觀且及近日朝鮮日本之事以

為狃泰寧而忘備者之炯戒倘亦司馬
未發之意乎萬曆壬辰秋日福寧游朴
序

百越先賢志凡例

一兩漢輿地志吳越之境皆會稽郡別為丹陽豫章故會稽之越夏禹苗裔也星散之後為王為君長濵於江南海上百越之所由名囙其君長所居地實遠至南海桂林漢以後州郡分隸名以代殊今志人物原本百越核其實也廬鳳淮揚在漢為東海臨淮二郡雖漢志盡屬吳分不得强同

一會稽秦置郡也地最廣斥漢分為吳郡然

地即太伯吳國南方精華之學蓋有孔門之教焉今志所載漢之會稽漢之南海人士居多諸郡什一廣陵固有邵平徐璆淮陰固有韓信枚乘舒六固有英布文翁沛上固有蕭曹諸人非可因吳分而並存即子游季札亦不録也

一志内人物如隱逸方外俱依世代並與功業文章之士皆曰先賢孔門且謂賢者識大不賢識小皆為可師故稱先賢非故襲襄陽

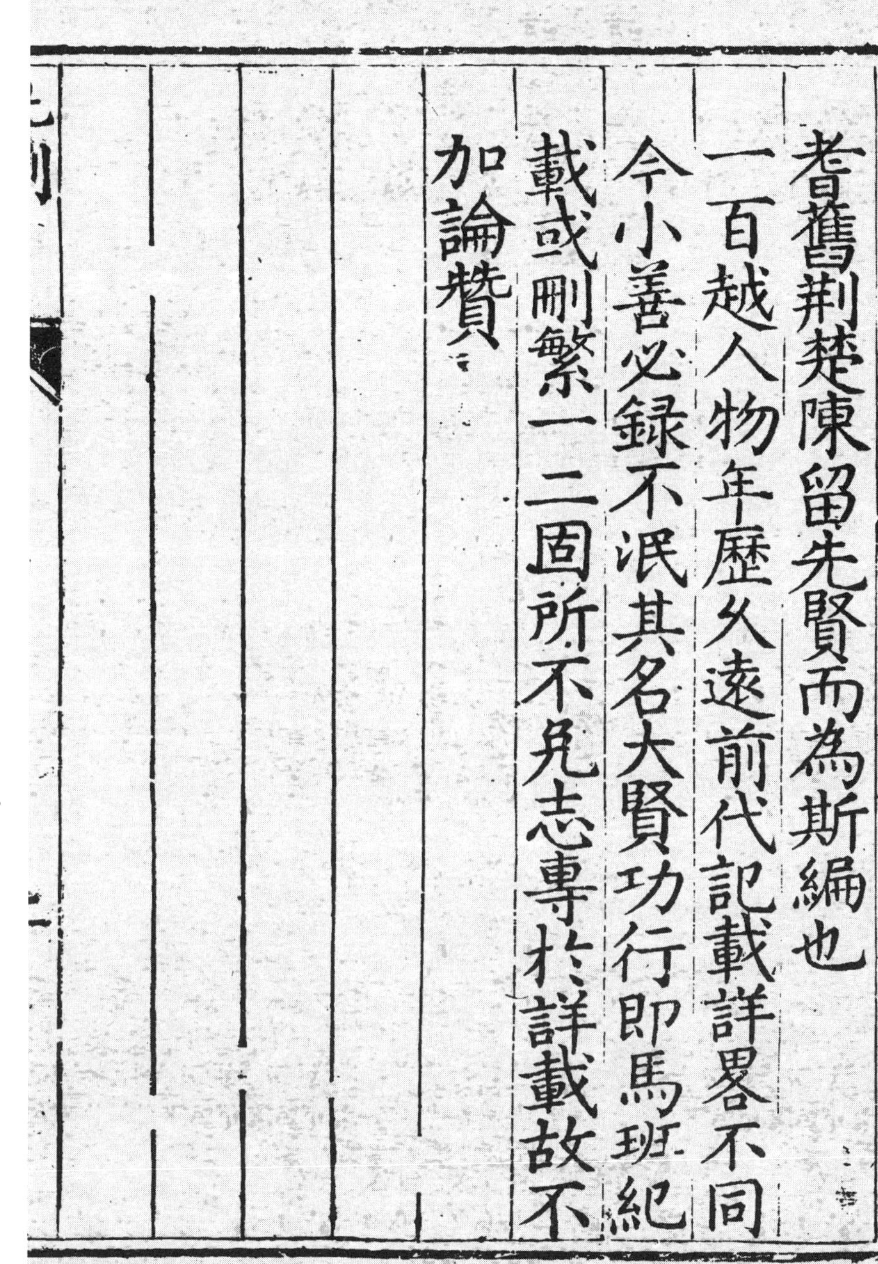

耆舊荆楚陳留先賢而爲斯編也

一百越人物年歷久遠前代記載詳畧不同令小善必録不泯其名大賢功行即馬班紀載或刪繁一二固所不免志專於詳載故不加論贊

諸夷考一卷目

日羅夏治　苷巴里　古麻剌

沼納樸兒　白葛達　黑葛達

敏真誠　八答黑商　討來思

吃力麻兒　失剌思　納失者罕

亦思把罕　淡巴　苷把里

白松虎兒　答兒密　阿速

沙哈魯　溜山　大葛蘭

小葛蘭　卜剌哇　木骨都束

竹步　剌撒　混淪山

靈山　交欄山　假馬里丁

九州山　淡洋　龍涎嶼

翠藍嶼　龍牙門　東西竺

勿斯里　細蘭　大秦

大食　蘇吉丹　沙華公

木蘭皮　沒加獵　新羅

層拔　三嶼　麻逸

打綱　以上共記七十三国

以上諸國皆圖說所未録者圖說有倭矣

而其入寇風汛未詳今方有事於倭故詳載之若溜山竹步混淪九州交欄靈山假馬里丁淡洋龍涎翠藍三嶼龍牙門東西竺沙華公層拔麻逸打綱等處則海中孤島自為生聚有土酋地主而皆服屬於諸國如中國市鎮之類然使舟商舶之所必經或以避風或以取水或以交易棲泊踰時故並著之其所服屬之國有昔暹羅而今為滿剌加者不能常主是以削焉

倭汛 胡松海圖說

始倭之通中國也實自遼東今乃從南道浮海率自温州寧波以入風東北汛自彼來此約可四五日程蓋其去遼甚遠而去閩浙甚邇若盡其國界則東西長行可四五月南北短行三月而皆極於海其西北至高麗也必由對馬島開洋順風僅一日二日南至琉球也必由薩摩州開洋順風七日其貢使之來必由博多開洋歷五島而入中國以造舟水

手俱在博多故也貢船回則徑収長門抽分司官在焉故也若其入寇則隨風所之東北風猛則由薩摩或五島至大小琉球而仍視風之變遷北多則犯廣東東多則犯福建彭湖島分船或之泉州等處或之梅花所長樂縣等處若正東風猛則必由五島歷天堂官渡水而視之變遷東北多則至烏沙門分艐或過韭山海閘門而犯温州或由舟山之南而犯定海經大猫洋入金塘𩥇門犯象山奉化由東西厨入湖頭渡犯昌國入石浦明犯台州入桃

渚海門松門諸巷正東風多則至李西粤壁下陳錢分艅或由洋山之南而犯臨觀過漁陽山兩頭峝二姑山入蟶浦則犯紹興之臨山三山過霍山洋五島列表平石則犯寧波之龍山觀海犯錢塘過大小衢徐山入鱉子門赭山薄省城或由洋山之北而犯青村南滙過馬跡潭而西犯太倉過馬跡潭而西北或過南沙而入大江過茶山入瞭月嘴淞谷槓山而犯瓜儀常鎮若在大洋而風歘東南也則犯淮揚登萊過步州洋亂沙入鹽城口則淮安入廟灣港則犯揚州再越而北則犯登萊若在五島開洋而南風方猛則趨遼陽趨天津大抵倭船

之來恒在清明之後前乎此風候不常難凖定清明後方多東北風且積久不變過五月風自南來不利於行矣重陽後風亦有東北者過十月風自西北來亦非所利故防海者以三四五月為大汛九十月為小汛其停橈之處焚刼之權雖曰在倭而其帆檣所向一視乎風實有天意有備者率勝前此入寇者多薩摩肥後長門三洲之人其次則大隅筑前筑後博多日向攝摩津州紀伊種島而豐

前豐後和泉之人亦間有之則因商於薩摩而附行者蓋日本之民有貧有富有淑有慝富而淑者或附貢舶或因商舶而來其在寇舶率皆貧而惡且山城君號令久不行於諸島而山口豐後出雲又各專一軍如中國總督府之儀相吞噬今惟豐後強頗併肥前等六島而有之山口出雲俱以貪臧亡倭蓋無常尊定主矣山城君倭王別號也

右圖說乃嘉靖時事也其時倭主不能制其下諸島之雄互相吞噬貧無賴者為中國奸

人所誘爭出為寇浙直閩廣俱被其害王直雖就擒而倭奴蟠據閩中如故破城畧邑橫行無忌金帛子女滿載以歸更徃迭來視中國為外府諸將擁兵無敢睨者叅將戚繼光自浙提兵入閩始與血戰前後誅倭以数萬計凡深入者悉殲焉然後大創不敢復犯中國海上清晏且三十年其功比於永樂間劉江而鹵獲過之萬曆中倭主為關白所簒兼併諸島虎視海上庚寅辛卯歲大治舟艦狡焉為啓彊之計壬辰侵朝鮮朝鮮不支遂據有其國遼東戒嚴

朝議出兵討之

古哩

圖說所稱西洋乃古哩國也為西洋諸國市賈之會因槩目為西洋其國王老不傳子而

傳外孫否則傳弟若無外孫與弟則傳善行人猶有官天下之風法無刑杖以石灰畫地為禁令而人不犯則象刑之化也是以俗淳民厚行讓路而道不拾遺云五學編所載又有瑣里及西洋瑣里二國俱洪武永樂中朝貢

○榜葛剌

榜葛剌國最大西天有五印度榜葛剌其一也自蘇門荅剌過翠藍島至溮地港更小舟行五百里至鎖納兒港登陸行三十五里至

其國地廣人稠財物豐衍甲於諸國城郭嚴
整街市舖店連檻接棟百貨畢聚王居高廣
殿宇深邃柱皆黄銅包飾雕琢花獸左右長
廊内設明甲馬隊千餘外列巨漢威儀甚壯
丹墀設孔雀翎傘蓋百數象隊百數王及諸
官皆回回人男祝髮白布纏頭圓領長衣束
綵帨躡金線羊皮履婦女短衫圍色布絲錦
不施脂粉自然嬌白耳垂寶鈿項掛纓絡堆
髻腦後金鐲戒指濟濟可觀賦十二刑笞杖

優人搏虎為戲

徒流。官有印章，行移軍有糧。陰陽醫卜百工技藝，大類中國。有衣黑白花衫，縈帨佩珊瑚琥珀纓絡，繫臂硝子鐲釧，歌舞侑酒者，曰根肖速魯奈奈，蓋優人也。能作百戲，以鐵索繫虎行市中，入人家，解索坐虎于庭，裸而搏虎，虎怒交撲，仆虎數回乃已。或手挼入虎喉，虎亦不傷。戲已，仍繫之。家人爭以肉啖虎，勞戲者錢。曆有十二月，無閏。氣候常煖如夏。風俗朴厚，人好耕殖，一年二熟，不用耘耔，亦無豐歎有一種曰印度不食牛肉飲食男女不同處夫死不再嫁妻死不再娶若孤寡無倚一村輪流養之不容別村求食其義氣足稱也産鑌鐵翠羽蟉螭蛇馬果有波羅蜜大如斗落摩羅俱佳甚桑漆絲綿尤多鎗剪最巧利布数種有闊四五尺者驀黒驀勒闊四尺背面皆毳絨厚可五分即兜羅錦也白樹皮布賦滑光潤如鹿皮椰茭為酒檳榔當茶永樂六年朝貢命行人往太倉燕勞之十二年奉

金葉表獻麒麟十三年詔勅齎賜王妃頭目王拜迎甚恭宴我官兵禁不飲酒以薔薇露和香蜜水飲之與天竺同

蘇禄

蘇禄在東南海中人鮮粒食食魚鰕螺蛤短髮纏皂縵煑海為鹽釀蔗為酒織竹布為業氣候常熱永樂十五年其國東王苔剌西王蘇哩峝王剌卜各率其妻子頭目来朝貢珍珠玳瑁諸物賜王冠服器皿王妃子女姻戚

柯枝土産
珍珠、蘇

頭目各有差三王者東王為尊西嵩二王副之歸次德州卒命有司營葬為文樹碑墓道留其妃妾及傔從十人守墓令畢三年還國遣使封其長子為東王十九年遣使來貢

柯枝

柯枝一名阿枝東連大山西南北皆海與錫蘭山對峙通古哩界氣候常熱田瘠少收風俗頗淳市用金銀錢銀錢十五當金錢一產珠蘇木國人五種曰南毘與王同類祝髮線

人也 ……夷華言

懸脛為貴族次田田人次富有財者曰哲地次牙儈曰華全又次卑賤者曰木瓜木瓜濱海而居業漁樵男女裸體結草樹葉蔽前後途遇南毘哲地即蹲伏候過乃起蓋避羞也王尚浮屠敬象牛建寺範金為佛每旦鳴鐘鼓汲泉灌佛頂數匝已乃禮之有曰濁肌者蓋優婆夷也娶妻不剃胎髮縷縷垂後牛糞灰塗體行吹大螺妻隨之乞錢永樂二年朝貢請封其國大山詔封為鎮國山賜碑文

祖法兒土產　駝雞
寉頂　片腦
福鹿
乳香

祖法兒

祖法兒亦名佐法兒東南皆海自古哩順風十晝夜可至砌羅般石為屋有高三層若塔狀廚厠寢食皆在其上田廣少收山地黃赤不生草木捕魚晒乾大者人食小者以餵馬牛駝羊男子拳髮體幹脩碩語言朴實女人出則以布兜頭紗蔽面不令人見風俗頗淳王衣青花絲帨或金錦袍靴履乘轎前後列象駝馬鼓吹氣候常如秋市用金銅錢錢文

賓童龍土產
伽南香

人形產鶴頂駝雞福鹿片腦乳香乳香即樹脂駝雞如鶴長三四尺脚節指毛如駝行亦如之永樂宣德中朝貢

賓童龍

賓童龍與占城連接有雙澗澄清佛書所云舍衛乞食即其地也目蓮居址尚存風土氣候與占城大同小異惟親喪能持孝服設佛度死者擇僻地葬之主出入或馬或象一如占城從百餘人前後讚唱曰亞曰僕產伽南

重迦羅土産
羚羊 鸚鵡
木綿 椰子
綿紗

貨用金銀花布之屬民編茅覆屋以居

重迦(音僵)羅

重迦羅與爪哇(音蛙)相接高山奇秀一石洞前後三門可容一二萬人田穀與爪哇畧同氣侯常暑風俗頗淳男女撮髻披单布長衫無酋長以年高有行者主之貢海釀秫產羚羊鸚鵡木綿椰子綿紗貨用銀絹

吉里地悶

吉里地悶在重加羅之東連山茂林皆檀香

吉里地悶土產
檀香

阿魯國土產
鶴頂 片腦
米 糖

樹無別產商聚一十二所田肥穀盛朝熱暮寒男女斷髮穿短衫夜卧不盖其體商舶到皆婦女登船交易人染疾病十死七八盖地常温及淫汚之故

阿魯 一名啞魯

阿魯與九州山相望自滿剌加順風三晝夜可至風俗氣候與蘇門荅剌大同小異土廣人稀田瘠少收種芭蕉椰子為食男女裸體腰圍稍布捕魚採香為生產鶴頂片米糖腦

麻逸凍土產
木綿 玳瑁
花布 檳榔
蠟

以售商船求樂中朝貢令內臣至其國賜王文綺

麻逸凍

麻逸凍在交欄山之西南海中山峻地平夾溪而居田膏腴倍收他國俗尚節義喪夫則削髮剺面絕食七日與死夫同寢多並逝者七日不死則親戚交勸飲食即得甦終身不嫁矣焚夫日有赴火死者煮海釀蔗產木綿玳瑁蠟花布檳榔

龍牙加貌

龍牙加貌土産 沉香速香 鶴頂沙糖 蜜蠟

龍牙加貌離麻逸凍順風三晝夜程内平外峯蟻附而居氣候常熱田禾頗熟男女椎結圜布穿短衫俗尚敦厚以親戚尊長爲重一日不見則携酒肴問安煮海醸秫産沉速鶴頂蠟蜜沙糖

忽魯謨斯

忽魯謨斯在西南海中自古哩十晝夜可至土厚宜耕種麥廣穀少無草木牛羊駝馬皆食魚乾或言深山中亦有草木近水山五色

忽魯謨斯山產五色鏇為盤碗碟器
飲食就用不加鹽
大產
真珠 寶石
駝雞 羚羊
馬哈獸

皆是鹽鏇為盤碗碟器飲食就用不復加鹽人民富饒狀貌偉碩風俗質直喜佛事常歌舞悪殺男拳髮女子編髮四垂黄漆其頂出則布幔纒頭面用青紅紗蔽之兩耳輪周掛絡索金錢以青石磨水妝點眼眶唇臉花紋以為美飾頂掛珠石珊瑚紐為纓絡臂腕腿足皆金銀鐲產真珠寶石撒哈剌梭股絨毯獅子駝雞蠶羊馬哈獸永樂中朝貢

忽魯毋恩

土產　千里駝
羊　金錢豹
駝
鷄

忽魯母恩在東南海中國小土瘠物產薄永樂三年朝貢

阿丹

阿丹近古哩傍海而居草木不生田肥種植粟麥豐盛羅緞石屋男女拳髮婦人粧飾出頭面與祖法兒忽魯謨斯諸國同國中富饒有馬步勝兵七八千鄰國畏之產羚羊號九尾羊千里駝花驢駝雞金錢豹永樂九年鄭和奉命賜物因來朝貢

南泥里土產珊瑚極精

南泥里

南泥里隸浡泥自蘇門荅剌舟行三晝夜可至東距黎伐西北距海南連大山山南際海僅千餘家皆回回人俗朴實王居類樓高廣嚴整幽潔市用銅錢少穀食食魚蝦西北大海即西洋中有帽山平頂土人稱為那沒黎番舶皆以此山為指南山下淺水有珊瑚樹大者高二三尺分枝婆娑可愛依山居人二三十家皆稱王問其為誰輙曰阿孤椗華

撒馬兒罕土産
金 玉 銀 銅 鐵
珊瑚 琥珀 黃思檀
瑠璃 水晶鹽 花蕊布
名馬 槖駝 大尾羊
狻猊 [illegible]

王也或曰南泥里即南巫里

撒馬兒罕

撒馬兒罕漢罽賓也風景偉麗土田膏腴宜五穀頗類中原獨勝諸國城依平原濠深險北有子城王居高廣在城北隅逵巷縱横肆市稠密西南番賈多聚於此市用銀錢禁酒俗尚回回教有拜天屋青石雕鏤極精巧以羊皮裹經文文字泥金書人物秀美多藝能尤善作室國東有養夷沙鹿海牙塞藍達失

于西有渴石迭里迷諸城皆隸焉洪武二十年二十二年二十四年二十七年皆遣人朝貢表文有照世杯等語永樂五年正統十二年成化十九年弘治三年嘉靖中皆遣人朝貢產金銀玉銅鐵珊瑚琥珀琉璃罽苾思檀水晶鹽花藥布名馬獨峯駝大尾羊後猊

黎代

黎代小國南連大山北際海西距南泥里東南連那孤兒居民一二千家推一人為首領

土產
珊瑚、琥珀、犀角
金 玉 名馬
駱駝

隷蘇門答剌言語服用與蘇門答剌同山多野犀

天方

天方古筠冲地舊名天堂風景融和四時皆如春田沃稻饒居民樂業男子削髮女子辮髮馬乳拌飯風俗好善無科擾亦無刑罰不作盜賊上下安和見月初生君民皆拜天號呼稱揚以為禮中國使至則加額頂天產馬金琥珀玉石珊瑚犀角駱駝

婆羅

婆羅土產
瑪瑙 車渠 珠
玳瑁
合猫里土產
蘇木 烏木
胡椒

婆羅負山面海人多奉佛素食惡殺喜施永樂四年朝貢珠玳瑁瑪瑙車渠賜王及妃文綺

古里班卒

古里班卒在海中土瘠穀少登物產甚薄氣候不齊夏多雨雨即寒俗質樸男女披短髮假錦纏頭紅油布繫身永樂三年朝貢

合猫里

合猫里地小土瘠國中多山山外大海海饒魚虫亦知耕稼產蘇烏胡椒永樂三年朝貢

日羅夏治土産
蘇木　胡椒

碟里

碟里國在東南海中大洲上洲有諸港通海人淳少訟尚佛物產甚薄永樂三年朝貢

打回

打回海外小國數為鄰國所苦已乃治兵器與鄰國戰勝稍得自立永樂三年朝貢

日羅夏治

日羅夏治海中小國無他奇產產蘇木胡椒頗知種藝無盜賊崇佛教永樂三年朝貢

苷巴里

苷巴里在南海中人多織錦粒食亦鮮食永樂十二年朝貢

古麻剌

古麻剌在東南海中永樂時王哇来頓本率其臣来朝至福州卒賜謚康靖勑葬閩縣有司歲時祭

沼納樸兒

沼納樸兒在印度之中古佛國也永樂中遣

敏真誠土產
[illegible]駝馬

使詔諭因來朝貢

白葛達

白葛達海中小國土瘠俗尚佛教宣德七年朝貢

黑葛達

黑葛達國小民貧平川廣野草木暢茂禽獸鮮少俗尚佛畏刑市肆多牛羊交易用鐵錢

宣德中朝貢

敏真誠

敏真誠大國多高山水深縛木為渡日中為

市諸賈皆集見中國磁漆器爭欲得之産異香駝馬永樂中朝貢

八荅黒商

八荅黒商國山川明秀人俗樸實有浮屠数區壯麗如王宫西洋西域皆商販於此大抵皆羽毛織文絨罽玉石香木駝羊也布帛鐵錢皆可交易永樂中朝貢

討来思

討来思在海中周徑不百里城近山山下有

水赤色望之如火然俗尚佛婦人主家事市多駝羊馬牛亦有布縷毛褐交易用錢土宜麥穄無稻穀宣德六年朝貢

吃力麻兒

吃力麻兒國俗不事耕農喜射獵山甲水淺西南傍海東北林莽深密多猛獸毒虫得中國雄黃麝香磁器甚喜有達巷無市肆交易無期用錢鐵永樂中朝貢惟獸皮鳥羽罽褐之類而已

失剌思

失剌思永樂間朝貢時遣内外官以綺幣磁器市馬於迤西失剌思諸國　獻陵即位詔諸使就所在還京無得托故稽留宣德中復朝貢

納失者罕

納失者罕東去失剌思數日程皆舟行海中國有林木魚虫城東平原饒水草可牧馬馬有數種最小者高不過三尺俗敬僧所至必飲食之餧尚氣健鬪喰不勝者永樂中朝貢

袤莫候切音茂衣
也廣袤南北曰袤
東西曰廣
亦思把罕亦
駝馬珠珀
去

亦思把罕

亦思把罕，於西南海中為大國，廣袤近千里，四面皆海，西北多山，東南皆平沙。國有城堅壯，王居亦侈麗。物產豐厚，風俗樸厚。尚佛，畏刑，喜施，惡奪。亦有中國人時出賈撒馬兒罕市。多馬駝，少布帛，有珠珀，而無稻黍。日食惟麥穄，麥粒麤麤壯耳美。永樂中朝貢。

淡巴

淡巴在西南海中，風景秀贍，土地廣衍，泉甘而水清草木暢茂畜産甚夥城以石築屋以瓦覆王乘輿官跨馬頗有威儀國俗勤生種藝織縷抱布男女咸務常業市有交易野無寇盜稱樂土矣洪武十年朝貢賜金幣

○甘把里

甘把里永樂間朝貢自言國小介在西南海中與諸隣國不通交易物産又薄山無長林田無宿麥國用常乏人民艱窘然奉佛好善不求積聚無乞丐者

白松虎兒

白松虎兒舊名速麻里兒國中無大山山卑小者亦鮮林木無猛獸毒虫之害嘗有白虎出松林中遇獸不食遇人不傷旬月後竟不見國人稱為神虎父老曰此西方白虎降精以是更其國為白松虎兒來樂中朝貢

荅兒密

荅兒密國在海中不下里人不滿千家有墻壘而無城郭屋以板覆田以牛耕王居官舍

不甚差別產馬駝羊牛毛褐布縷交易兼用銀錢刑專用箠朴服撒馬兒罕永樂中朝貢賜大統曆文綺藥茶

阿速

阿速在西海中為大國多撒馬兒罕天方諸國人有城倚山面川川南流入海海有魚鹽之市野有耕牧之利敬佛畏鬼好布施惡爭闘物產饒裕涼暄適節人無饑寒夜無寇盗永樂中朝貢

沙哈魯

沙哈魯國在阿速西南海島中人民淳直恥鬬好佛交易海中諸國西域賈胡来市海中奇物不惜高價亦有價廉而得奇貨去者沙哈魯人不識也王及酋長居城中有瓦屋庶人旅處城外田野中村落相聚山川環抱畜產豐利求樂中朝貢

溜山

溜山四面濱海如洲在西海中有石門如城

溜山產
龍涎香　海䑸
鮫魚　絲帨

闕土瘠無城郭依山聚居八村稍大皆以溜名可通舟楫餘小溜甚處三千土人曰此弱水三千也人巢居穴處不識蔽栗啖魚蝦無衣草木葉蔽前後舟行遇風失入溜即溺溜山傍有牒幹國皆回回人俗淳厚業漁好種椰樹氣候常熱如夏市用銀錢產龍涎香海䑸椰皮結繩可貫板成舟塗瀝青堅如鐵釘鮫魚一名溜魚織絲帨甚精緻亦有織金帨來樂中朝貢

大葛蘭產
胡椒　椰子檳榔
溜魚

大葛蘭

大葛蘭與都欄樵相近厥土黒墳本宜穀麥居民懶事耕作歳頼烏米為食商船為風所阻不以時到波濤激灘載貨不敢滿盖以不可停泊之故也若過亞里洋則罹重險之難及有高頭埠沉水羅股石之危風俗淳厚男女纏頭穿单布長衫圍色布手巾產胡椒椰子溜魚檳榔貨用金銭青白花磁器布段之屬

小葛蘭

小葛蘭山連赤土與柯枝國接境西洋諸國之市頭也國使大金錢名儻伽重八分小金錢名吧喃四十個准大金錢一個田瘠少收歲藉榜葛剌國米為食氣候常熱風俗小淳男女多回回喃毗人產胡椒檳榔波羅蜜色布其木香乳香真珠珊瑚酥油孩兒茶梔子花則皆自他國来

卜剌哇

卜剌哇與木骨都束國接連山地傍海而居

卜剌哇土産
馬哈獸 花福鹿
豹 麂 犀牛 象
没藥 龍涎香 乳香
駝

壘石為城砌石為屋地廣斥鹵有鹽池但投樹枝於池良久撈起結成白鹽風俗頗淳無田耕種捕魚為業男女拳髮穿短衫圍梢布婦女兩耳帯金錢項掛纓絡惟有葱蒜無瓜茄產馬哈獸狀如麝獐花福鹿狀如花驢豹麂犀牛没藥乳香龍涎象牙駱駝貨用金銀叚絹米豆磁器之屬嘗貢方物

木骨都東

木骨都東國瀕海堆石為城石屋四五層廚

厠待客俱在其上男子拳髮四垂腰圍梢布女人髮盤於腦黄㳿六頂兩耳掛絡索数枚項帶銀圈纓絡垂胸出則单布兜遮青紗蔽面足履皮鞋地曠土石黄赤田瘠少收数年無雨穿井甚深絞車以羊皮袋水風俗嚚頑操兵習射其富民附舶遠通商貨貧民網捕海魚曬乾為食及餵養駝馬牛羊產乳香金錢豹龍涎貨用金銀段絹檀香米穀之屬嘗貢方物

竹歩

竹歩與木骨都束國山地連接村居寥落風俗亦淳男女拳髮男女出入粧飾山地黄赤不雨絞車深井網魚為業俱與木骨都束同産獅子金錢豹駝蹄雞有六七尺高著龍涎乳香金珀當貢方物

剌撒

剌撒國傍海而居壘石為城連山曠地草木不生牛羊駝馬皆以海魚乾啖之氣候常熱

混淪山

忽魯謨斯國同壘石為室三四層其上廚廁卧室待客其下奴僕居之地產龍涎乳香千里駱駝民俗淳厚喪葬有禮有事禱於鬼神嘗奉金葉表文貢方物

混淪山

混淪山節然瀛海之中與占城及東西竺鼎峙相望山高而方山盤廣遠海人名曰崑崙

旲山土產
黑文相对藤林

洋凡往西洋販舶必待順風七晝夜可過俗云上怕七洲下怕崑崙針迷舵失人船莫存此山產無異物人無居竈食山果魚蝦穴居樹巢而已此即嶺海異聞所載崐崘山然云七嶼七門則翠藍嶼也姑並存之

靈山

靈山與占城山地連接其山峻嶺而方有泉下繞如帶山頂有一石塊似佛頭故名靈山民居星散結網為業田肥耕種一歲二收氣候之節男女之禮與占城大同小異地產黑

文相對藤杖每條易斗錫一塊若麁大而紋踈者一錫易三條次冇檳榔蔞葉餘無異物往来販舶必於此樵汲舶人齋沐三日崇佛誦經燃放水燈綵船以禳人船之災

交欄山

占城靈山起程順風十晝夜可至其山高而叢林藤竹舵桿桅檣篷箬無所不備胡元時命將高興史弼領兵萬衆駕巨舶征闍婆因遭風至交欄山下其船多損乃登此山造船

百號復征闍婆擒其酋長而歸至今居民有中國人雜處蓋此時病卒百餘留養不歸遂傳育於此氣候常暑少米穀以射獵為業男女椎髻穿短衫繫巫崙布產豹熊鹿皮玳瑁

假馬里丁

假馬里丁與交欄山相望海中山列翠屏引溪水溉田禾穀少收氣候常熱俗囂薄男子髡髮穿竹布短衫圍梢布種芭蕉採其實以代糧煮海釀蔗產玳瑁羚羊貨用瓜哇布燒

珠印花布米穀之屬

九州山

九州山與滿剌加近産沉香黄熟香林木叢生枝葉茂翠永樂七年鄭和差兵入山採香得徑有八九尺長六七丈者六株香味清遠黒花細紋山人張目吐舌言天朝兵威若神

淡洋

淡洋與阿魯山地連接去滿剌加三日程山遶周圍有港内通大溪汪洋千里奔流出海

清淡味耳舟人過往汲之故名淡洋田肥禾盛米粒尖小炊飯甚香民俗頗淳氣候常熱男女椎髻腰圍梢布

龍涎嶼

龍涎嶼離蘇門荅剌西去一晝夜程以產龍涎香得名詳見嶺海異聞龍涎香條下然嘉靖中竭中國之力求取萬方竟不可致豈羣龍遊戲吐涎亦偶然遇之不可以為常歟

翠藍嶼

翠藍嶼在龍涎之西北五晝夜程大小七門門中皆可過船相傳釋迦佛浴此山袈裟被竊佛誓云後有穿衣者必爛其皮肉由此男女皆削髪無衣止用樹葉紉結而遮前後米穀亦無惟下海網魚蝦及種芭蕉椰子為食然船去來嘗泊山下宣德壬子十月二十二日因風不便泊此山三日夜山中之人駕獨木舟來貿椰實舟中男婦果如前言

龍牙門

龍牙門在三佛齊西北山門相對若龍牙狀中通船過田瘠穀薄常暑多雨男女椎結短衫剽椋爲豪遇番舶則集小舟百數邀截順風徑脫否則被刼殺矣

東西竺

東西竺與龍牙門相望田瘠不宜稼歲藉諸番淡洋米穀爲食男女斷髮繫梢布產檳榔木綿布蕉心簟

勿斯里

勿斯里國有一十六州管三百六十村每村供國用一日其王白竹纏頭着衫出入乘馬前有看馬三百匹皆金鞍寶轡虎十頭縻以鐵索伏虎者百人弄鐵索者五十人持擂棒者百人臂鷹者三十人又有千騎圍護親奴二百各帶甲持劍鳴鼓者百人儀從甚都有大塔高三百丈他國兵侵則舉國據塔以拒敵上下可容二萬人内居守而外出戰

細蘭

細蘭國在大海中，王黑身逆毛，不衣，露頂，止纏五色番布，出入乘象，或用軟兜。商舶將至，其國先見電光閃爍，蓋其屋宇悉用猫睛及雜寶裝飾，東西二殿各植兩樹，枝柯花葉皆以金玉雜寶爲之，其下寘金椅，以琉璃爲壁，坐處常有光華，蓋日影照射相暎，如霞彩然。歲貢物于三佛齊國。

○大秦

大秦國一名犂靬，在西海之西，有弱水流沙

幾於日入之處地方數千里有四百餘城小國屬役者數十其王以織金纏頭屋宇以水晶為柱琉璃為瓦其人長大美皙有官曹簿領皆髡頭而衣文繡王少出出則乘馬馬皆飾以金玉珠寶或有災異及風雨不時輒廢其主而更立賢者廢者無怨有幻人峭鼻拳髮長四尺餘能額上為炎爐手中作江湖舉足而珠玉自墮開口而旛旄亂出海中有鬼市以直置諸物旁待領直然後收物有珊瑚

洲土人以鐵網取之

大食國

大食國本波斯之别種地方千里勝兵四十餘萬民俗侈麗其王頭纏織金番布朔望則戴純金寶冠所居以瑪瑙為柱緑粉為壁水晶為瓦碁臺榻飾以珠寶堦砌包以純金王視朝坐珍珠簾内將相披金甲戴兜鍪擁衛左右餘官各領兵馬馬高七尺士卒驍勇武藝絶倫街濶數丈鋪以光細石板民居畧同中

國但瓦則以薄石為之市肆諠譁百貨皆集有駿馬云與龍交而產者日行千里有驄馬可騎瓜大者數人食一枚其王嘗令人入海經涉八年未及西岸於海中石上見大樹枝上皆生小兒見人笑而不語連枝摘取即乾黑王寶藏之樹兒見嶺海續聞此即西遊記所謂人參果是也

蘇吉丹

蘇吉丹乃闍婆之支國於泉州為丙巳方東至海水勢漸低女人國在焉逾東則尾閭之

所泄非人世矣其王以五色布纏頭跣足出則蔽以凉傘從者五百餘人各持鎗劒頭戴帽子其狀不一如虎頭鹿頭象頭牛頭者男剪髮女打鬃皆裸體跣足以布帬腰波羅蜜果香美甘蕉長一丈

沙華公

沙華公國在大海中其人肆行刼掠商舶或漂至其國則擒燒食之又有一種曰毗舍耶者與泉州晋江縣相近其人語言不通裸袒

射雖殆畜類也或時至晉江刼掠其來不測多罹生噉之患喜鐵器及匙箸人閉戶則免但刓其門圈而去擲以匙箸則俯拾可緩數步

木蘭皮

木蘭皮國在西海中自大食國發舟正西涉海百餘日方至一舟容萬人舟中有酒食肆機杼之屬言舟之大者莫如木蘭皮產物亦異麥粒長三寸瓜圍六尺榴重五斤桃重二

斤香櫞重二十餘斤胡羊髙數尺尾大如扇春剖腹取脂縫合仍活秋風忽起人獸速就水飲稍遲則渴死

没加獵

没加獵國有五百餘州各有城市有兵百萬王纏頭着毛衫每日誦經拜天出入乘馬以駱駞背佛經一函前導人食餅肉有麥無米海中産珊瑚下鐵網取之

新羅即樂浪

新羅國本弁韓遺種與泉州海門對峙服舍器用官屬略倣中國法峻少犯婚娶不用幣知書喜學有庠序曰局堂處子弟之未婚者講習其中三歲一試有進士筭學諸科 本朝以時朝貢

層拔

層拔國在古麻剌之南大海中西接大山其人皆大食種落纏青布躡皮鞋地多巖谷煖而少寒產象牙生金

三嶼

三嶼國散居南海中每一聚落約千餘家地多崇岡疊嶂憑高依險編茅為屋其人形短而小眼圓面黃虬髮露髮巢于木顛或三五為群跧伏草莽以暗翦射人投以瓷椀則俯拾跳呼而去

麻逸

海國有麻逸凍矣又有麻逸國在渤泥之北團聚千餘家土人披布如被單或腰布蔽體

番舶到其闤闠前酋長爲舟蠻賈叢最至悉搬取物貨而去初若不可曉然一無遺失

打網

打網國在海島中有地主土人壯健兇惡色黑而紅裸體文身剪髮跣足飲食無器皿盛以樹葉食已則棄之不識書記植木爲棚以居不事生業往往出海刼掠而已

以上東西南夷皆海國也若撒馬兒罕天方則西夷而撒馬兒罕貢由嘉峪關入弘治間欲由南海貢獅開海道朝廷不許以其濱海輿西洋通舟楫也故併録之

海上諸夷帷倭為大地分五畿七道三島又有附庸百餘國故能為中國患然晉時五胡姚襄最寡弱乃渡海掠取倭奴以張其衆亦只以克軍中使令炊爨之役不以預戰鬭也唐時自惡其名更名日本元發兵征襲至未克而陽息自保不暇直至我朝始窺中土洪武二年寇山東又寇淮安三年寇山東轉掠浙江福建旁海諸郡是年遣萊州府同知趙秩齎璽書往諭責之彼以為元使趙良弼後也幾為所殺秩未還又掠溫州五年寇海鹽又寇福建六年寇登萊七年寇膠州九年遣僧歸廷用奉表貢謝以其不誠詔責之十三年遣僧如瑤貢馬令禮部移書責其寇掠諸僧安置川陝十四年乞還諸僧使十五年歸廷用又來貢上以為詐通奸臣謀為不軌絕之十六年寇浙江平陽十七年如瑤又來坐通奸臣發雲南遣湯和沿海築城五十九調民為兵二十年置浙東西防倭衛所是年

江周德興築福建海上十六城設衛所亦謂民為兵戍之二十六年寇金鄉二十七年遣三都督防倭又勅魏國公及安陸侯練兵海上防倭二十八年復寇金鄉盖　高皇之世無一日不備倭也永樂九年寇磐石十五年寇松門金鄉平陽十六年入金盖十七年入望海堝為遼東劉都督所殲一人不返自是不敢窺遼東二十年寇象山宣德元年遣人入貢不奉約束却之七年八年十年皆來貢倭自得我勘合方物戎器滿載而來遇官兵即矯云入貢我無備即肆出殺掠滿載而歸宣德末年海防盖密倭不得間稍受約束遂許至京宴賞帝易飽恣其欲既而備稍陳正統四年寇大嵩入桃渚官民舍焚蕩一空驅少壯掘冢墓束嬰孩竿杜上沃以沸湯視其啼號拍手笑樂捕得孕婦忖度男女刳視中否為勝負荒淫穢惡至不可言於是下詔備倭命重帥守要地分兆海上數年稍靜十一

年寇海寧成化初忽至寧波知我有備矯稱進貢守臣為之請幾墮其計弘治中内治修整海上寧戢數十年嘉靖元年貢至寧波遂有宋素卿之變夷日生心備日弛自二十年以後海上之禍有不忍言者矣其畧見吾學編以破陷郡邑輙爇其城各取童孩授火中為爆以相勝視焚諸尤慘當是時畏倭知虎莫敢與以抗散入村鎮驅掠少壯常以二三賊牽係數十人如逐牛羊任其東西無違忤者其實賊之技不能加於中國也久之被虜者與處漸習知其然稍與之角於是散行遂利者輙為我所擒其鋒頓戢後復為大兵所殲海上始寧近乃北向大得志於高麗亦以高麗素未嘗倭驟為所乘如嘉靖中入呉越然耳大抵有備則無患元氣虛斯百邪乘之不獨倭為可慮也近方談倭因附其畧於此

諸夷考二卷目

猺獠黎蜑四種與馬人已見前續聞篇畧而不詳故重著而備志之焉以[illegible]也

考之廣志所載若長人毛人之類尚多論之土人皆無有聞覩者豈上世種類尤繁以漸而澌澌滅歟既非耳目所及徒滋怪談故不采入

苗人沅水出蜀郡由牂柯東北過臨沅縣至長沙入洞庭湖今以名州郡沅州

苗人古三苗之裔也自長沙沅辰以南盡夜郎之境往往有之與氐夷氐西夷名氐羌地處廣漢之西混雜通曰南蠻其種甚夥散處山間聚而成村者曰寨其人有名無姓有族屬無君長近省界者為熟苗輸租服役稍同良家十年則官司籍其戶口息耗登于天府不與是籍者謂之生苗生苗多而熟苗寡猜多疑是也其俗各以其黨自相沿襲大抵懻記懻忮也忮猜很絕禮讓而昧彝倫惟利所在不顧廉

睚眦怍目相ヽ况也
齗ヽ不自安貌
跕音喋 躧音徙 履不著跟也 書
ヌ戊之行 言其ヽ遽也
衿衣領 襘帶所結
也 言苗蠻之衣無
領只為一孔但開竅以
納首耳

恥喜則人怒則鬭睚眦之隙遂至殺人被殺
之家舉族為讎必報當而後已否則親戚亦
齗齗（銀）劤之即抗剄（斷頸也）不悔諺云苗家讎九世休
言其不可遽解也其人魋（魋結椎頭髻也）結跕躧陟嵒穴躐
荊棘捷如麞麖斑衣左衽或無衿襘竅以納
首別作兩袂急則去之插雞尾于顛負韊（韊）抱
弩以迎便輒鹵掠狶突箐中不可蹤捕未娶者
以銀環飾耳號曰馬郎婚則脫之婦人雜海
肥銅鈴藥珠結纓絡為飾處子行歌于野以

韊盛弩矢服

誘馬郎淆淫不禁仲春刻木為馬祭以牛酒老人竝馬箕踞未婚男女吹蘆笙以和歌淫詞謔浪謂之跳月中意者男負女去論妍媸為聘貲贏縮貧而逋者遞歲索之即髮種種長子孫不貸也飲食惡草以蕎灰和秫粥釀汁也為臭瀋以魚肉雜物挍之曰醅醅於金切音陰又烏含切音庵酢也葅鮓叢嘬以為珍具矜富羨者則曰蓄醅桶幾世矣歲時召親戚撾銅鼓鬪牛於埜刲刲奎刺也割也其負者祭而食之大臠臠音孿力兗切肉塊也若掌以牛角授子孫曰某祖某父食

牛凡幾要約無文書刋寸木判以為信爭訟不入官府即入亦不得以律例科之推其屬之公正善言語者號曰行頭以講曲直行頭以一事為一籌多至百籌者每舉一籌數之曰某事云云汝負於某其人服則收之又舉一籌數之曰某事云云汝淩於某其人不服則置之計所置多寡以報所為講者曰某事其事其人不服所為講者曰然則已不然則又往講如前必兩人咸服乃决若所收籌多

而慶其人不能償者則勸所為講者擲一籌與天一與地一與和事之老然後約其餘者責負者償之以牛馬為算凡殺人而報殺過當者算亦如之言語侏離侏離蠻夷之下謂甚者重譯譯傳夷夏之言而轉告之也乃觧與其曹耦善厚者曰同年同年之好踰于親串與漢人善者亦曰同年稱其酋長曰茫稱人曰歹自稱亦曰歹猶晉之言咱吳之言儂也不知正朔以鼠馬記子午年日亦如之歲首以冬三月各尚其一曰開年占卜以鷄骨推

之視其壘以斷凶吉或折茅為兆病不服藥禱鬼而已不愈則曰鬼所嫉也棄之不顧謂其巫曰鬼師死喪無服或葬或不葬大抵諸苗之俗婚姻畧同而喪祭異苗為蠱毒蠱無形而毒有物中之皆能殺人或言蠱有神熠燿若月以昏暮流人家為祟以其日作蠱浹辰而出之以中生人則已無生人則主人以其身服蠱解而哇之否則神將蔓殃于其室其在金筑者有克孟牯羊二種擇懸崖鑿竅

而居不設茵笫（笫牀簀）構竹梯上下高者百仞耕不輓犂以錢鎛發上耨而不耘男女躧笙而偶免乳而歸其聘財親死不哭笑舞浩唱謂之鬧尸明年聞杜鵑聲則比屋號泣曰鳥猶歲至親不復矣在獨山為九名九姓苗徂詐而饕詖以元日為把忌（斁音杜閉也）斁門不出二七而解祀之者以為不祥烏羅着可以三月一日為忌二十五日而解在平樂為紫姜苗嗜殺尤其得讎人即生啗其肉夫死其妻嫁而後葬曰

喪有主矣在白納為賣畬苗其俗賤老而貴少父老則拽而鬻之在葛彰葛商為短裙苗以花布一幅横掩及骭在牂牁（牂牁即今之貴州也）之間為八番子其俗勞女而逸男以虎馬日為市夜臥必圍爐厝火不施衾枕燕會擊長腰鼓為樂以十月望日為歲首莛不擇日以夜靜出之云不忍使其親知也在陳蒙爛土為黑苗又為天苗緝木葉以為上服女子甫十歲即構竹樓埜外處之以號淫者人死不葬以藤蔓束

> 呰音子，窳音与，呰窳謂其作事苟且，才力短弱，懶惰，不能勤作，故無所積聚

之樹間而巳此皆苗俗之大畧也盖諸苗所居必深山僻谷生而不見外事故其俗不移無公家更賦之給故其民惰縵土無疆界蓏蟲蟻食物常足故皆呰窳偷生而亡積聚不通文字絶先王禮義之教故枝桂滛佚與鳥獸同歸亦可憫也

○羅羅

羅羅本盧鹿而訛為今稱有二種居水西十二營寧谷馬塲漕溪者為黑羅羅亦曰烏蠻

居慕役者為白羅羅亦曰白蠻風俗畧同而
黑者為大姓羅俗尚鬼故又曰羅鬼蜀漢時
有火濟者從丞相亮破孟獲有功封羅甸國
王即今宣慰使安氏遠祖也自羅甸東西若
自杷夜郎牂牁則以國名若特磨白衣九道
則以道名皆羅羅之種也羅羅之俗愚而戀
主即虐之赤族猶舉其子姓若妻妾戴之不
以為讎故自火濟至今千有餘年世長其土
勒四十八部部之長曰頭目其人深目長身

膢[illegible]膢口上肉

[illegible]首白齒椎結跣蹻荷氈戴笠而行腰束苧常索左肩拖羊皮一方佩長刀箭箙（箙盛弓矢器以獸皮為之）富者以金釧約臂悍而喜鬬脩習攻擊雄上氣力寬則以漁獵山伐為業急則屠戮相尋故其兵常為諸苗冠諺云水西羅鬼斷頭掉尾言其相應若率然也亦有文字類蒙古書者坐無几席與人食飯一盤水一盂匕一枚抄飯哺許摶之若丸以匕躍口食已必滌膢刷齒以為絜作酒盎而不縮以蘆管咂飲之男子則薙

薙音替 剃仝

髮而留髯婦人束髮纏以青帶烝報旁通醜
不恧也父死妻其後母兄弟死則妻其妻新
婦見舅姑不拜裸而進盥謂之奉堂男女居
室不同帷第潛合如奔狠而多疑忌相賊白
羅羅之俗畧同而飲食惡草盛無盃盤爨以
三足釜灼毛鱔血無論鼠雀蚳蝝蠕動之物
攫而燔之攢食若彘不通文字結繩刻木為
信女子以善淫名者則人爭取之以為美也
人死以牛馬革裹而焚之居普定者為阿和

俗同白羅以販茶為業

犵狫 獠与獠仝音老西南夷也

犵狫一曰犵獠其種有五蓬頭赤脚矯而善奔輕命而死黨觸之則糜沸而起得人片肉卮酒即捐軀與之蹈奔湯火以布一幅橫圍腰間傍無襞積謂之桶裙男女同制花布者為花犵狫紅布者為紅犵狫各有族屬不通婚姻殮死有棺而不葬置之崖穴間高者絕地千尺或臨大河不施蔽蓋以木主若圭羅

樹其側號曰家親殿在平伐者為打牙犵狫慓悍尤甚善斂百物之毒以染箭刄當人立死觸其氣者亦死父母死則子婦各折其二齒投之棺中云以贈永訣也在新添者為剪頭犵狫男女蓄髮寸許人死則積薪焚之又有豬屎犵狫者喜不潔與犬豕同牢身面經年不靧得獸即咋食如狼狇狫其俗與犵狫畧同掘地為爐厝火環卧不施被席以牛衣藉之死則男女群冢俛尸而瘞之云為死者

剸音忿四組也

避壓也、

麻陽民土著者皆槃瓠種、與苗同祖、一村有石、名槃瓠石、民共祀焉、人有犯者、從石詛之輒死、有犵狫其先亦同祖、尤善弩射、目皆竪、善坐草從草中射人立斃、即苗亦畏之、九月某日禁人行、是日皆閉户不出、出即有蛇虎之害、有病及行兵舉事、必倒一牛占之、二人搖牛首向神、一人以刃剸牛腹、一刃即倒者吉、病必愈、事必濟、兵必勝、不然則止、又擇他日占之、又能以術呪脫枷鎖、往年大征、獲苗數十、皆以大椎碎其股、鐵鎖肘鐐、禁縣倉中、戒毋得入饔器、一日守者出、令人代之、誤以一饔碗入、諸苗競取碗敲之、口喃喃作呪、鎖盡脫、且出倉矣、守者無計、亟火其倉、苗乃焚死、此出朱孟震中丞楮談、中丞父為麻陽尹時、方征苗、蓋

目擊其事云

徉獚

徉獚一曰楊黃其種亦夥石阡施秉龍里龍泉提溪萬山之界往往有之生理苟且荆壁四立而不塗門户不扃出則以泥封之男子計口而耕婦人度身而織暇則挾刀操笱柳以漁獵為業元宵端午架鞦韆群戲遂以滛奔把忌以三月之朔父母死則焚其衣服殕其牛馬云若贈鬼者然

仲家

狆家椎髻躧屩不通文字好為樓居飲食匙而不筴衣裳青色婦人以青帛蒙髻若冑絮之狀長裙細積多者二十餘幅拖腰以綵布一方若綬仍以青衣襲之在室奔而不禁嫁則絕之喪食尚魚鰕而禁禽獸之肉葬以傘蓋墓期年發而火之祭以枯魚以十二月為歲首俗尚銅鼓中空無底時時擊以為娛土人或掘地得鼓即譸張言諸葛武侯所藏者富家爭購即百牛不惜也

宋家蔡家

宋家蔡家蓋中國之裔也相傳春秋時楚子徃徃蠶食宋蔡俘其人民放之南徼遂流為夷一氏風俗畧同而宋家稍雅通漢語或識文字勤于耕織男子帽而長衫婦人笄而短裋將嫁男家遣人徃迎女家則率親戚箠楚迎者謂之奪親既歸旦則進盥於姑舅夕則燂湯請洗三日而罷喪葬飯蔬飲水二十一日封而識之若馬鬣者蔡家在底寨者與宋

家同俗故世世連婚姻養龍坑者無異苗人男女吹木葉而索偶人死不哭遶尸而歌謂之唱齋

㐌家

㐌家蓋徙筰䮾氏之裔訛為今稱其種有四在康佐者獨蕃恣睢懷詐難與約束好依深林蘙莽之間狙伺圍奪急則鼠竄貪而善鬬常以盃羮為人犇命責逋負秒忽不能第恐近溪者善入尾灑獨魚鼈猾着螐獺尾灑者

僊華言水下　尤易盖土也

以五色藥珠為飾貧者以意苡代之春時立木于野謂之鬼竿男女仔旋躍而擇對既奔則女氏之黨以牛馬贖之方通媒妁醜者終身無所取售人死以杵擊椎塘和歌哭椎塘者臼也舁之幽嵒秘而無識以七月七日祭其先塋

龍家

龍家與狆家同俗而衣尚白喪服則易之以

青婦人緇布作冠若馬鐙加髻以笄束之在寧谷西堡之間者多張劉趙三姓、一曰大頭龍家男子以牛馬鬃尾雜髮而盤之若盖以尖笠覆之一曰狗耳龍家婦人辮髮螺結上指若狗耳之狀亦曰小頭龍家其俗與康佐同

冉家

冉家卭筰冉氏之裔今酉陽烏羅部落之長多冉姓者一曰冉家蠻詬之曰南客子其俗散處於沿河佑溪婺川之間跋扈不譓尚武

而善獵得獸必祭而後啗之地有砂坑深者十五六里昏黑不辯咫尺土人以皮帽懸燈而入鑿崖石而採之白石若礬謂之砂床其良者若芙蓉箭簇鏃鏃迸落如榴房之鮮也碎者末以燒汞為朱謂之新紅民間貿易用之比錢楮焉坑中往往得敗船朽木莫測所自朱汞有毒氣能殺人採砂汞滿三年者多死人言飲丹井者壽又言術士能凝汞成銀鍊砂成金服之可以飛昇此皆幻妄迺今採

者纍纍横死無葬也仙壽之說安所徵哉

○僰人

（音匐）僰人漢爲犍爲郡唐爲干矢部蓋南詔之東鄙也古者有罪流之西方曰僰言使偪寄于夷也其人善事佛男女手數珠持番呪祈禱輒驗多有削髮爲僧者號曰提奢稍淳而易治聲音風俗與南詔畧同謂虎曰金波羅

峝人

峝人一曰峝蠻散處於牂牁舞溪之界在辰

沉者尤多言語侏離尚鬭而喜殺惰于耕作男子科頭徒跣或趿木履以鏢弩自隨暇則吹蘆笙木葉彈二絃琵琶臂鷹逐犬為樂婦人短裙長袴後垂刺繡一方若綬帶亦如之以銀若銅錫為錢編次繞身為飾富羨者以金環綴耳累累若貫珠也溽暑男女群浴于河冬月以茅花為絮男女仔抛毬相謔偶意者奔之謂之偷脊飲食不食鹽醬人死以尺帛裹頭為服爭訟不入官府以其長論決之

號曰鄉公

猺人

猺人古八蠻之種也五溪以南窮極嶺海迤連巴蜀皆有之椎結斑衣兒時燒鐵石烙其跟蹠以油蠟沁之重趼若鞹兒始生秤之以鐵如其重漬以毒水及長鍛而為刀終身用之試刀必斬牛仰刀牛項以肩負刀一負而殊者良刀也婦人黥面為花卉蜻蛚蝴蝶之狀蹋歌而偶奔者入嵒峝插柳辟人嫁則荷

傘懸草履一兩從入夫家亦行色也採竹木為屋綢繆而不斷繩樞篳竇覆以菁茅樹畜粟豆羊牛雜以為餉不足以山伐獵獸而續之燔爨草具毛血淋灕雖富者亦惟多釀酒時時沉酗為樂耳不知世有珍羞之和黼黻之華也山田瘠埆十歲五饑急則隳突漢界持短鎗楂大弩毒矢攻剽墟落踉蹌篁薄中飄忽往來不可蹤跡拒敵則比耦而前執鎗者前却不常以衛弩執弩者口銜刀而手射

滑石 茴香 檳榔

人矣畫便技琴挾刀與鎗俱奮山中多杉板滑石𦟌礬茴香草果檳榔諸藥物時時竊出市博魚鹽又多散地肥而多稼四方亡命若避徭賦者此焉逋藪淆雜夷中為之通行囊橐鄉導分受鹵獲結黨既夥則公墮堡城刼官府故廣之東西歲苦兵事諺云比年小征三年大征然亦屢矣史氏槃瓠之說雖恍幻難稽然徭人多槃姓者或訛而為盤云猺獞雖異族而信鬼畏誓犬畧相同在唐虞謂之

要服蓋以信義要質而已矣時與板楯蠻盟曰秦犯夷輸黄龍二雙夷犯秦輸清酒一鍾夷人安之宋時范成大帥廣西時令諸徭團長納狀云某等既充山職今當鈐東家丁男行持棒女行把麻任從出入上有太陽下有地宿翻背者生兒成驢生女成豬舉家絶滅不得對好翻非偷寒送煖上山同路下水同船男兒帶刀一點一齊同殺盜賊不用此款者並依山例山例者殺戮也自是帥事一年

諸徭無及省界者、

獞人

獞人、五嶺以南皆有之、與徭雜處、風俗畧同而生理一切陋簡、冬編鵝毛雜木葉為衣、摶飯掬水而食、居室茅緝而不塗、衡板為閣、上以棲止、下畜牛羊猪犬、謂之麻欄、善為毒矢射人物、中者焦沸若炙、肌骨立盡、雖徭人亦重畏之、不敢忤視、又善為蠱毒、五月五日聚百蟲于一器、令自啖食、存者留之、持以中人、無不死者又為飛蠱一曰挑生一曰金蠶皆鬼屬而毒人事之可以驟富害人者類于飲食內之令人心腹絞痛面目青黃吐水而脉沉合黑豆脹而皮脫嚼之不腥易以白礬其甘若餳治之以歸魂散雄硃丸在胷膈則服升麻吐之在腹則服鬱金下之聚而成村者為尚推其酋長曰尚官尚官之家婚姻以豪汰相高壻來就親女家於五里外結草屋與居謂之入寮兩家各以鼓樂迎男女至寮盛

兵為備小有言則兵刃相接成婚後妻之媵婢迕意壻即手殺之自入寮能多殺媵婢則妻黨畏之否則謂之懦半年而後歸夫家人遠出而歸者止于三十里外家遣巫提竹籃迓脫歸人帖身衣貯之籃以前導還家言為行人収魂歸也親始死被髮持缾甕慟哭水濱擲銅錢紙錢於水汲歸浴屍謂之買水否則鄰里以為不孝

獠人

獠人古稱天竺、咳首、僬僥、跂踵、穿胸、儋耳、狗軹、旁脊，謂之八蠻。其支而尤異者則有飛頭、鑿齒、鼻飲、花面、白衫、赤裩之屬。今嶺表左右及海外諸國在在有之，而儋耳、交趾遂以名郡。其俗各以其黨沿習不一，好依深山積木以居，名曰干欄。以射生為活，雜食蟲豸。以鼠子未毳者啖以崖蜜，嚼之跳躍，唧唧有聲，號曰蜜唧，以為珍具。無版籍部勒，每村推其長有智者役屬之，號曰郎火。父死子繼，餘稱提陀提陀者猶華言百姓也歲首則即火以土盃十二貯水隨辰位布而禱焉經夕集衆往觀若寅有水而卯涸則知正月雨二月旱餘俗大畧與猺獞同而好殺尤甚父子有隙手刃者先之若殺其父走避於外得一狗以謝母然後敢歸母得狗謝不復嫌恨報讎相擊必食其肉而卧其皮所殺之人美鬚髯者剠其面而籠之竹木鼓噪而祭之以徼福利見續聞

黎人

黎人鳴蠻也今為瓊崖儋萬四州治黎有生
熟二種生黎有名無姓不受約束熟黎慕化
服役稍同編氓多符王二姓其地有五毋山
山之中皆黎族盤據聚而成村者曰峝峝各
有主父死子繼夫亡妻及男子文身椎結挾
刀控弩婦人戴篘笠襴衣有裙而無袴春時
笄女戲鞦韆以誘散仔携手蹋歌名曰作劇
女伴互施針筆涅兩臉為蟲蛾花卉名曰繡
面以色絲和吉貝雜織為錦釀酒多雜榴花

地産水沉龍涎犀象翡翠珠璣異物親死不哭啖生牛肉以表哀痛塟則舁襯而行前以鷄子擲地不破即為吉穴也客至未識者主人穴隙窺之客儼然矜莊始遣奴布席客坐移時主人乃出不交一言少選置酒先以惡草具進客食不疑乃喜更嘉肴款曲即親串高會不脫兵仗三爵後請各弛備然終不離酒所謦欬為忤便握刄相戕旴時剽掠省界為害也見嶺海續聞

蜑人

蜑人瀕海而居以舟為宅或編蓬水滸謂之水欄以漁釣為業辯水色以知龍居故又曰龍人善泅水採珠螺以繩引石縋人而下手一刀以拒蛟龍之觸得珠螺則以刀擊其繩舟人疾引而出之稍遲則氣絕矣見嶺海續聞

馬人

馬人本林邑蠻相傳隨馬援北還散處南海其人深目猳喙以採藤捕蠣為業或曰盧循

遺種也故又曰盧亭云見嶺海續聞以其不詳故復著之
南村輟耕録曰元末盜起陶夢禎舉師勤王
閩苗善鬪遣使招之因得入中國遂不復可
控制其衆無尺籍伍符無統屬節制相謂曰
阿哥曰麻線稱主將亦然喜着斑斕衣製衣
袖廣狹脩短與臂同長不過膝袴如袖裙如
衣總名曰草裙草袴固脰以獸皮曰護項勒
腰以帛懸兩端於尻後若尾無間晴雨被氊
毯狀絕類犬按邕管雜記溪蠻叢笑諸書載

五溪蠻盡槃瓠種曰猫曰猺曰獠曰獚曰獞曰狆曰犵狑曰犵狫曰徉獚字皆從犬謗謂猶犬信然軍無金鼓鳴小鑼以節進止鑼若賣貨郎所敲者夜遣卒伏路曰坐草軍行抄掠曰檢刮言盡取靡有所遺也所過無不殘滅擄得男女凡老羸者甚幼者貌陋者盡殺之壯者曰土乖少者曰賴子皆驅為奴人投其黨者曰入火婦人艶而皙者畜為婦曰大娘人有三四婦多至十數一語不合即剸以

外與處者得至日莫無事則自賀過一日破松江火一月不絕城邑殆無焦類自保嘉興僅存孤城城外焚爇無餘窮目所至無寸草尺木禽獸之行絕天逆理民怨且怒共攻殺之又曰元之將若相無遠畧奉將天威乃借重於非類正猶開虎兕之柙使赴牛羊耳一何愚哉

嘉靖間倭夷躪蹂閩越官軍望風卻避莫敢與鬪不得已亦召苗兵僅數千入閩所過殘畧官府閉城門從城上縋米肉給之村落皆挈家遁入深谷雞豕器物不能携者屠剝破

毀無遺、路絕行人、不幸遇之、即斷臂剜腸、杻視以為快、其慘虐無異於倭、乃知輟耕録所載、可為永鑑

炎徼紀聞曰、諸蠻縱而惡法、戇而易欺、衛官與廂豪交市、倚法為奸、丁剥而户漁之、得利則為之掩匿、歷罪透引、劓掠、一不當意、則宣露宿惡、傳以醜辭、聳動官府、稍不加察、輕舉損威、釀成大禍、至於調發土官、往往方命、不受節制、賊未及平、而所過良民已遭荼毒矣、

又曰、諸蠻俗醜惡不足録、録之有深意焉、堪

輿乍分函夏之地黎首蠢蠢無異鳥獸帝王賢聖遞作獎掖以仁義陶鎔以禮樂而匡弼以刑罰然後人知衣冠之華飲食之美而彝倫之重其在四裔魑魅之與遊豺狼之與居仁義禮樂刑罰之具曾未目覩猶函夏之初然何怪其俗之醜惡也夫風氣人文相依周轉四隅之地首西北次東北又次東南而西南其最後也周封箕子于朝鮮即為嘉域而淮徐之區擯為戎夷泰伯端委以治吳不革

祝髮文身之習秦漢開百粵徙閩民於江淮是閩爲薦莽狐兎之墟也乃今聲華文物軼中州矣唐蒙通夜郎閉於昆明元方拓土猶羈縻之耳入　國朝遂列郡縣而西洋海國亦皆賓貢盖氣化漸開則人文漸被若旋風披拂自西北而極於西南之明驗也焉知百世之後滇僰之奥不如閩廣之交而八百車里諸夷不有登圖籍置官吏之日乎

諸夷考三卷目

西南夷畧

滇多年切音田顛大滇池地又作益州
剽匹ㄑ音勤飄去声

形勝

夷情（哈瞎上声　喇喇入声　剌从束音蘭入声　从朿音次）

滇夷部落尤繁曰阿昌曰百夷曰老緬曰蒲人曰棘夷曰剽曰杜怒曰哈喇曰古剌曰得稜曰遮些曰安都魯曰牛喹喇曰孟艮曰赤髮已見種類條下又有曰爨曰麽些曰禿老曰些門曰白夷曰上簝曰和泥蠻曰羅舞曰撒麽都曰摩察曰濃人曰山後曰哀牢曰蛾昌蠻曰解蠻曰魁羅曰傳尋未及詳考故從紀中所列天度地里為目云

西南夷風土紀

西南夷漢武帝時已通中國蜀漢中復叛武侯定之、晋魏唐間或叛或復宋則以玉斧畫瀘水遂與之絶矣胡元奄有西域乃復屬焉、

國朝兵平六詔諸夷納土各因其酋長立為宣慰安撫等官、俾自治其地以時貢賦、曰車里曰老撾曰木邦曰八百、曰孟養曰緬甸、所謂六宣慰、　國初舊封也、曰南甸、曰干厓曰隴川、曰孟密、三宣撫、一安撫則正統時王驥討

平麓賊思任父子之亂遺孽播遁迤西請其棄地封有功也擺古舊得稜池古剽國夷言朱閣婆又謂之朱波國處南海之濱遠在諸夷之外自古不通中國晋魏間傳聞永昌西南三千里有剽國君臣父子長幼有序唐貞元中王雍羌聞南詔異牟尋歸唐有内附心隨遣弟悉利福城五難陀獻其國樂至成都劍南節度使常樂復譜次其音聲以獻於是始與中國通近歲師克隴川獲莽人猷得其

樂器形類箜篌其聲和其音哀怨之凄然得非兵戈亂離音隨世變也歟莽瑞體者緬甸宣慰之裔也先時麓賊父子皆為緬縛獻後爝火復熾于孟養遂與緬世相讎殺嘉靖間差官勘處竟不思其原為討賊以挑隣釁乃取其金牌符信而還瑞體窮無所歸逃於整古動心恐性脩行學佛得稜子無主聞其賢迎立為噠剌噠喇者華言公道主人也各夷分境而治風土既殊氣習頗異勇怯情偽互

緬字音勉

有差別草木禽獸亦復不同咸據見聞而載
記之以備事經畧務該博者考云
○天度二月春分日當出卯氐十六度而出房
一度當入酉昴一度而入胃十六度較之中
州似稍過南夜觀斗極乃在子癸之間又似
少偏西也蚤暮霧靄薰蒸烟霞掩映夏秋多
雨春冬稍晴雪霰氷霜則絶無矣風常温而
不清月常赤而不朗雖深冬雷不收聲雹不
藏光常夜于營中見大星白而芒燭地有光

如月墜于夷民之家詢之乃蟲光也
○風氣四時皆熱五六月間水如沸湯石若爍
金三宣蠻莫迤西木邦茶山黑麻皆瘴癘毒
惡緬甸八百車里老撾擺古雖無瘴而熱尤
甚華人初至亦多病久而與之相習癸未歲
除之日師度沙木籠山聞杜鵑聲次日則甲
申元旦也次户宛關緑草飛蝶已而軍蠻莫
夷人獻青豆紫茄匏瓜之類蓋地氣四時如
春夏也

○地理總諸夷而度六千餘里東通中國南濱海隣暹邏界西抵西洋大小古喇赤髮野人即紅毛國也小西天去天竺佛國一間耳北接羌戎吐蕃但山則懸厓峭壁河則黑水弱流遥見隔崖粉墻廬舍儼然車馬往來而世莫能通焉亦不知為何地也

○山川原泒皆起自崑崙東山自騰冲分水嶺西山自迤西鬼窟山對峙南下分枝衍泒遵海濱而止金沙江自迤西南流縈于兩山之

問會檳榔大盈龍川喇乃木邦虎叉温板諸江之水達于南海三宣孟密木邦緬甸八百車里攏古俱在江東迤西大小古喇暹邏則居江之西也山澗多蝮蛇孔雀其水多毒蒲窩之外有毒泉鳥獸飲之無不即死毛骨積泉傍者不知幾許緬甸有江名粘利其流百折其水鹹黑人馬皆不敢飲行旋過𡿨田田夷汲水以齊其渴夷中温泉最多炎荒地氣使然也

○草木暢茂蓋居民稀少斧斤不加牛羊鮮牧故耳山多巨材皆長至数百尺大至四五十圍所可識者杉楠樗櫟榆楓数本而已餘皆入眼平生未曾見也緬甸所屬地名孟浩有樹葉如車蓋土民取之代瓦蓋屋茶山光腦産魚古竹節長丈餘鑾莫山中木多連理潞江以外道傍草皆自相糾結謂之揪頭瘴發則如此也迤西溪壑之間有草如蘭吐穗開花狀如蝴蝶卸則隨風飄颺直上為真蝶矣

附于高木仍為花結子可噉緬甸有山名波
羅四面皆絶壁獼猿亦不能升厓顛有草結
子纍纍相貫土人於厓下誦經禮拜其子自
墜抽去其心引繩穿之則数珠也緬甸金塔
寺有佛果樹結實類人頭芭蕉檳榔實如盌
而尖味皆香美取以供佛雍會海中水草蔓
生實如雞頭苞時至其苞自裂内皆小魚迸
出土人視草之竦密卜魚之多寡等練之下
溪不盈丈溪之内竹及軟如麻折而為縷可

供索綯織屨之需溪之外則枝節剛勁以之作弓弩堅勝骨角溪以東一年一穫以西則歲兩告成咫尺迥異地氣所鍾固如是也

○鳥視中國之所無者鸚鵡孔雀獸視中國之所無者象也然夷中鳥亦無鴈雉獸亦無狐而白鶉鳩又中國之所無也夷中燕語嗟喳不若中國之呢喃足聽緬甸有鳥四足肉翅大如鵝其鳴似鶴能飛而不能遠其雛胎生飛行則負雛于背不踐稼穡不食生虫殺之

必見不祥故千百為群人亦不敢相害去騰冲五十里地名緬箐近出二獸大如駱駝毛碧緑色獅首象蹄牛尾有齒無牙頂心肉角隆起見人則伏地而鳴亦莫通其意土人殺一誤以為麟白于陳州守取皮視之非麟也命藏于庫其肉暴露数日全無臭穢氣蝇蚋不附著誠大可異傳聞先年八百見此隨與犇酋構兵然則非悪獸亦非嘉瑞矣畜產與中州不殊惟雞差小好鳴其音凄切凡夷人

死無噍類牛馬豬羊雞犬皆為鬼畜人不敢收縱之於野聽其孳生是以山多野畜

○魚之所同者鯉鯽餘皆不可識別大盈金沙之內魚甚多見人馴擾不必網釣舉手可得大者數十百斤但味薄不嘉耳昆虫蚱蜢蝸蜒之類夷人皆生啖云鮮煩熱有虫曰隊隊者形如壁虱生有定偶斯須不暫離夷婦有不得于夫者飼於桄空中則其情自翕合土官目把富夷之妻皆不惜金珠易之葬酋城

濠内畜有異魚身長数丈嘴如大箕以尾擊物食之閑以重栅恐其逸出傷人每日以渾猪羊飼之緬人名為龍殆鱷魚之類歟江頭馬高魚大如牛蝦大如鴨老撾一番僧駐錫水涯水内白龜長闊丈餘僧每誦經龜必出聽僧若出遊水陸背乘往還至今尚存僧固高僧而龜亦神龜也

○五穀惟樹稻餘皆少種自蠻莫之外一歲兩穫冬種春收夏作秋成孟密以上猶用犁耕

腴故也凡田地近人烟者十壂其二三去村寨稍遠者則迥然皆曠土夏秋多瘴華人難居冬春瘴消儘可耕穫若待營堡既固地方稍寧募彼熟夷給以牛種擇厥田之上上者每歲冬春屯種一番可以代轉輸之勞事經畧者其善圖之緬甸所屬地方名板楞野生嘉禾不待播種耘耔而自秀實謂之天生穀每季一收夷人利之

○種類曰阿昌曰百夷曰老緬曰蒲人曰棘人曰剽人曰杜怒曰哈喇曰古喇曰得稜子曰遮些子曰安都魯曰牛睦喇曰孟艮子曰赤髮野人女多男少盖西南坤極也貧者亦数妻富者数十官舍目把動以百計三宣官目蓄髮加冠六宣土官舍把秃頭戴六舍五彩尖頭夷帽其餘部夷男髡頭長衣長裙女堆髻短衣桶裙男女無貴賤皆穿耳徒跣以草染齒成。　女自生下不剃頭髮以白布纏之陽物嵌緬鈴或二或三三宣六慰酋目亦有嵌之者男子皆黥其下體成文以別貴賤部夷黥至腿目把黥至腰土官黥至乳塗體男以旃檀女以欝金謂極黃為美自阿瓦以下女色亦多艷麗濮水關外有等緬夷男子駝頭驍勇女亦便捷夫死則髡其頭不再適得棱子男駝頭不着上衣下體以尺布蔽之女蓄髮亦不着上衣止以花帨圍腰下安都魯遮匹子皆迤西遺種男子藤盔藤

甲不畏刀鎗女子上下圍以花帨手束紅藤為飾牛䟽喇男戴黑帽有鬚髯者剃之止留左畔一縷無鬚髯者引髮下繫於腮以當之古喇貌極醜惡上下如漆男戴黑皮盔女蓬頭大眼見之可畏孟艮子性猛好闘偏體黥以花草魚鵲其餘車里八百老檛總而名之皆曰百夷男女與六慰不異服飾多與緬同赤髮野人無部曲不識不知𤏡𤏡皥皥杲巢居野處遷徙不常狀類山魈上下以布圍之猿猴麋

撾職瓜切 音鬘

鹿皆與之遊去禽獸無幾蒲人棘人阿吕乃在邦域之中雜華而居漸變於夏間有讀書登芹泮納粟為吏承者矣

○飲食蒸煮炙煿多與中國同亦精潔可食酒則燒酒茶則谷茶飯則糯穰不用匙筯以手摶而饕之所啖不多筋力脆弱自孟密而下所食皆樹酒若椶樹葉與果房皆有漿可浥取飲不盡煎以為飴比蔗糖尤佳又有樹類枇杷結實頗大取其漿煑之氣味亦如燒酒

飲之尤醉人又以竹笋為醋味頗香美惟醃[酉無]臭惡不堪食矣

○所居皆竹樓人處樓上畜産居下苫盖皆茅茨緬甸及擺古城中咸僭立殿宇以樹皮代陶瓦飾以金謂之金殿炎荒酷熱百夷家多臨水每日侵晨男女群浴野水中不如此則生熱病惟阿昌枕山棲谷以便刀耕火種也

○婚姻不用財舉以與之先嫁由父母後嫁聽其自便惟三宣稍有別近華故也其餘諸夷

同姓自相嫁娶雖叔姪娣妹有所不計莽着娶莽瑞體之女叔娶姪也着女嫁莽應理妹適兄也夷狄禽獸大畧如此

○治理多如腹裏土司其法惟殺戮與罰贖二條事情罪重者殺之餘則量所犯之大小為罰之輕重緬人崇佛教凡罪人願舍身為僧者即止不治莽瑞體治亦尚寬人犯法當死不加刑惟乘以小舟量載飲食置於海洋之外聽其漂沒自盡間亦有遇赦者然終不敢

返故土也應理性極慘刻凡有罪者群埋土中露頭於外以牛犂之復覆以柴草舉火焚之彼自縱觀以為樂江頭城外有大明街閭廣江蜀居貨遊藝者數萬而三宣六慰被擄者復數萬頃歲聞天兵將南伐恐其人為內應舉囚於江邊縱火焚死棄屍蔽野塞江諸夷所以叛彼來歸者皆由其殺戮太過驅之也當時肯從各酋長之請王師進至孟密應理之頭懸於麾下矣王將昧於大計至今可

為扼腕

○治生男耕稼女織紝土地肥饒米穀木綿皆賤故夷中無饑寒空乏者男願好閑而女勞力治外負戴貿易以贍其夫蓋女壯健而男萎靡也

○俗尚佛教寺塔徧村落且極壯麗自緬甸以下惟事誦經俗不殺牲所以鳥獸與人相狎凡有疾病祝佛以僧代之或一年二年三年募人為之唯古城江心一山頗奇上有金塔

大寺，唐僧曾寄宿焉。緬甸別有支更城，上建二塔，以金飾之。其下大小寺不可数。猛別城有金塔二，金飾寺数區，別有妖精洞，可望而不可到。都魯濮水關有唐僧晒經臺。温古城有金塔寺，塔如阜，周圍有金飾殿四十間，懸寶旛，皆木刻，以金飾之。塔點萬年燈，塔頂遥望莽酋城，如在指掌。又別有金飾塔，寺中懸莽酋像，賓（名）額大耳，扁目濶顧，貌頗魁梧，纏以布色。　不衣綠錦，不裩，跣足。聽往来者觀板古夜河名曰流沙夷僧取經故道貽記甚多城中有積髮金臺臺下池池內有五色芙蕖四時不絕亦有晒經臺歇凉樹妖魔洞緬人稱為西方極樂世界

○交易或五日一市十日一市惟孟密一日一小市五日一大市盖其地多寶藏商賈輻輳故物價常平貿易多婦女無升斗秤尺度用手量用籮以四十兩為一載論兩不論斤故

用等而不用秤以銅為珠如大豆數而用之若中國之使錢也

（）城郭有雉堞而無樓櫓孟密準古緬甸普幹普坎得亞洞吾等溫白古馬高江頭皆古城也惟擺古乃莽酋新築然高者不過十餘尺大不過三數里惟緬甸擺古江頭差宏闊耳普坎城中有武侯南征碑緬人稱為漢朝地方江頭為門十二東入者東出西入者西出南北如　出入不由故道者罰之夾道有

走廊三　全擺古等温城每日中為市市之周圍亦有走廊三千餘間以避天雨

○器用陶瓦銅鐵尤善采漆畫金其工匠皆廣與中國併漆器貯鮮肉數日不作息銅器貯水竟日不冷江海舳艫與中國同擺古江中莽應理僭用金葉龍舟五十艘中設金花寶座目把所乘皆木刻成象頭魚頭馬頭鴨頭雞頭等船亦飾以金周圍畫甚華麗部夷船亦如之但不以金飾也海水日潮者二乘

船載米穀貨物者隨之進退白古江船不可數高者四五尺長至二十丈大桅巨纜周圍走廊常載銅鐵磁器往来亦閩廣海舶也歟

○歲時三宣六慰皆奉　天朝正朔擺古無曆惟數甲子今亦竊聽於六慰頗知旬朔矣

○禮節不知揖讓見人惟掌作恭敬狀凡見尊貴有所禀白必俯伏盡恭子之于父不命坐不敢坐侍側亦不敢怠忽古傳父子君臣長幼有序遺風也歟

○邪術三　曰卜思鬼婦人習之夜化為猫犬竊人家遇有病者或舐其手足或嗅其口鼻則拇其肉唾干水中化為水蝦取而貨之蠻莫之外有曰地羊鬼髡頭黃眼靣黑而貌陋惡者是也能以泥土沙石換人及牛馬五臟忤之必被其害初聞以為恠誕後軍蠻莫戚遠營有火藥匠與夷人鬬已而病歿其兄焚之滿腹皆泥沙軍回過張擺箐見道傍二屍如蟬蛻詢之乃思鬼所拇者始知二說皆

孟密西出　催生文石

迤西出　阿魏

不謬也卜思鬼惟狗可以碎之地羊鬼貼身服青衣即不能相害凡入夷者不可不知

○土產孟密東產寶石產金南產銀北產鐵西產催生文石芒市亦產寶石產銀孟艮孟璉亦產銀迤西產琥珀產金產阿魏產白玉碧玉茶山產綠干厓產黑玉車里產貝緬甸西洋出大布而夷錦各夷皆出惟古喇為勝象牙諸司皆產獨老撾居多象牙供器阿魏入藥與夫錫固皆非棄物然微象牙豈無

以適用

越羅溫厚華美可衣可褁又何取於大布夷

錦哉至若寶玉琥珀寒不可衣饑不可食取

用不無騷擾商販未免通夷撫臺近加嚴禁

既峻邊關之防復抑華侈之風得大體矣

○

戰鬬惟集後陣知合而不知分每以鳥銃當

前牌次之鎗又次之象繼鎗後短兵既接象

乃突出中華人馬未經習練者見象必驚怖

辟易彼得乘其亂也破之之術必設疑以分

魏獨不可治療乎中國之吳會

其勢設險以艷其象出奇以搗其堅横冲以亂其陣夷中本脆弱恃象以為強能曉破象之訣則夷兵不足敗也火籠火磚火毬火箭噴筒霧砲九龍六龍桶皆破象之長技然施放必得其法攬地龍飛天網地雷砲尢殺象之巧術而布置自有其方誠能講究得其妙用可以撓南滇而滌炎荒之焰播蘇薰以掃紫塞之烟何必扼蠻哈而畫金沙据姚關而阻查里

下弱哉

○形勝惟　獨擅後羅鑾哈前阻金沙上通迤西里麻茶山中通干崖南甸隴川木邦芒市下通孟密緬甸八百車里擺古誠為水陸交會要區諸夷襟喉重地兼以田地肥饒一年兩收若於此處築堡設屯且耕且守數年之後將見陳陳相因轉輸可省流移日聚生齒漸蕃家自為守人自為戰而寡兵亦可撤矣且居莽賊上游虎視六慰虜在目中設欲犁庭掃穴建瓴之勢易為力也次則迤西其

地上抵麗江下接擺古左至西竺右倚金沙內有孟倫安都六之勁兵中有謙底底乃之險峻外有孟戛里孟掌之兩卒土地殆將有木邦孟密緬甸三宣之廣寶藏之富生齒之繁莫如孟密五穀之饒布帛之多莫如緬甸八百魚鹽之利貿易之便莫如車里擺古緬甸司治檳榔木邦兩江環帶水陸通達緬人不容華人由之恐 天朝取徑也車里亦有九龍江

塹老檛倚山帶河土地延袤山

溪險要　迤西埒八尢習于水戰乃莽酋之勁敵若能招徠亦樹黨益敵之一策也木邦自昔稱雄為永昌之藩蔽惟外無可恃之險三宣素號富庶實騰越之長垣有險而不知設故年来俱被殘破凋敝不振反藉官兵以為彼守禦必須厚其生以蘇其困養其鋭以作其氣俾能自立庶騰永之藩垣有賴而兵餉皆可少省矣

○古夷中自孟密以上山多寶蠻莫以下地饒

迈穀當 國初兵力盛時剪荆棘為樂土易鱗介以冠裳特轉移間耳然瘴癘毒惡漢人難居固天所以限華夷也 祖宗不忍逆天犯忌薄示羈縻治以不治二百年餘頗稱無事邇来莽瑞體避雝整古談佛惑衆雄據南滇木邦孟密因来襲職駁勘刀難二酋相繼投莽求立迤西與莽相持求援不得亦折而入莽莽遂兼併八百蠻食車里漸召老撾於六慰皆屬莽焉然而敬畏 天朝不敢輕犯

疆埸原夫夷人之性不甚兇殘夷人之情無大奸詐夷人之心頗知忠順可以誠感不可以威刼古人治夷以攻心為策無出此矣思任父子之亂正統間再煩大兵雖幸底平而渠兇漏網餘孽復熾至萬曆壬午癸未間緬甸交訌滇雲騷驛殘數道軍食徃討朱中丞孟震時為川貴藩臬長與其事以上二十六條皆其所手録者核而且詳故備著焉

百夷傳

百夷傳

一卷

〔明〕李思聰 撰

明抄本

百夷傳

李思聰著

百夷即麓川平緬也地在雲南之西南東接景東府東南接車里南至八百媳婦西南至緬國西連戞里西北建西天古剌北接西番東北接永昌其種類有大百夷小百夷又有蒲人阿昌縹人古剌哈剌緬人結些哈杜怒人等名以諸夷雜處故曰百夷今百字或作伯僰皆非也自漢以來于中國或服或叛各有土豪主之不相統攝元祖自西番入大理平雲南遣將招降其酋長遂分三十六路四十八甸皆設土官

管轄以大理金齒都元帥府揔之事有所督則委官以往冬去春回至正戊子麓川路土官思可發數有事于鄰境諸路以狀聞乃命搭失把都魯爲帥討之不克而旋遂乘勝併吞諸路而有之乃羅土官以各甸賞有功者然惧再舉伐之於是遣其子滿散入朝以輸情款寢而不問雖納貢賦奉正朔而服食器用之類皆踰制度无不僭制百夷之強始於思可發卒子聰併發代爲宣撫八年傳其子臺扁一年昭併發之弟昭肖發杀臺扁而自立踰年而盜杀之其弟思瓦發代立壬戌冬其部屬答魯方刁斯郎刁潑郎

等殺思尾發而立其姪即滿散之子思倫發也洪武辛酉大兵南下猶負固不服總兵官西平侯沐英遣部校郭均美往復招徠于是不煩兵而納款內附

朝廷推懷柔之恩乃授思倫發為麓川平緬等處軍民宣慰使司宣慰洪武丙寅復寇景東明年部屬刀斯郎復犯定边縣

上命西平侯總兵討之夷兵大潰獲刀斯郎而梟其首始惧天朝之威而心服矣

上命羈縻之法不加約束听其自為声教故官制禮樂之屬皆與中國不侔其下称宣慰曰昭猶中國称

主人也其官屬叨孟昭録昭綱之類揔率有差叨孟揔統政事兼領軍民多者揔十萬人少者不下數萬昭録亦萬餘人賞罰皆任其意昭綱千人昭百〻又昭吟斯五十人昭准十余人皆叨孟所屬也又有昭録令遇有調遣則統數千人以行其近侍名立者亦領人戶数百皆聽其使令食其所賦取之無制用之无卩上下僭奢無徵名薄取輒鑿鈒花金銀寶帶官民皆用筭殼為帽以金玉等寶為高頂為寶蓋狀上懸卜金鈴遍插翠花翎毛之類後垂紅纓貴者衣用紵絲綾錦以金花金細飾之出入或象或馬從者塞

途俗以坐象為貴以銀鏡十數為絡銀鈴銀釘為緣鞍三面以鉄為闌漆以丹籍以重裀懸以銅鈴鞍後奴一人銅帽花裳執長鉤為疾徐之卩招摇于道自以為貴其相見有合掌之拜屈膝之跪而无端肅拱揖之禮長扵己者則跪之有所言則扣頭受之虽貴為把事叨孟見宣慰莫敢仰視凡有問對則膝行以前三步一拜退亦如之賤見貴少見長皆然侍貴人之側或過其前必躬身而趋遶宴則貴人正坐僚属廁役列坐于下有客十人則令十人奉盃行一客之酒〻初行樂作一人大呼一声衆人和之如此者三

既就坐先進飾次具醪饌有差食不用筯每客一辛
跪座側持水瓶食畢則盥帨禮物必祭而後食之樂
有三曰百夷樂緬樂車里樂百夷樂者參漢人所作
筝笛胡琴響琖之類而歌中國之曲緬樂者緬人所
作排簫琵琶之類作則衆皆拍手而舞車里樂者車
里人所作以羊皮為三五長鼓以手拍之間以銅鐃
銅鼓拍板與中國僧道之樂无異其鄉村飲宴則擊
大鼓吹蘆笙舞牌為樂无中國文字小事則刻竹木
為契大事則書緬字為檄无文案可稽无城池可守
惟因高山為砦而已无倉廩之積无租賦之輸每年

于秋冬收成後遣親信往各甸計房屋徵金銀謂之取差發每房一間輸銀一两或二三两承行者象馬從人動以千百計恣其所用而后輸于公家刑名无律可守不施鞭朴犯輕者罰重者杀之或縛而置之水中非重刑不繫累軍民无定籍聚則為軍散則為民每三人或五人充軍一名正軍謂之昔刺猶中國之壯士也昔刺持兵器余則負荷以供所需故軍三十萬則戰者不滿十萬師行无紀律先後進退不一倚象為声勢每戰則用繩索自縛于象上悍而无謀軍器少弓箭多長牌為弩以革為盔銅鐵雜革為甲

勝則驕惰爭功負則逃竄山谷驛路無郵亭一里半里構一小草楼五人坐守雖遠千里報在旦夕公廨與民居无異雖宣慰府亦楼房數十而已制甚鄙猥以草覆之无陶瓦之蔽頭目小民皆以竹為楼如兒戲狀器皿醜拙尤甚无水桶木甑水盂之類惟陶治之器是用其宣慰用金銀玻璃等器其下亦以金銀為之凡一頭目出行則象馬兵戈及休凳器皿僕妾財宝之類皆隨以行動輒數百人隨處宴樂小民苦之其俗男貴女賤雖小民視其妻如奴僕耕織貿易差徭之類皆係之非疾病雖老不得少息凡生子貴

者以水浴于家，賤者則浴於河，三日後以子授其夫耕織。貴若頭目者有妻百數，婢亦數百人；少者下下數十。雖庶民亦有十數妻者。无妻妾之分，无嫉妬之嫌。男子皆衣長衣，寬襦而无裙。官民皆髡首黥足，有不髡者則酋長殺之；不黥足者則衆皆嗤之，曰婦人也，非百夷種類也。婦人則綰独髻于腦後，以白衣裹之，不施脂粉，身穿窄袖白布衫，皂布裙，桶裙，白行纏，跣足。貴者以錦繡為桶裙，其制作甚陋。有夫而奸盜則殺之，不重處女，其通媒匹記者甚罕，年未笄，听其與弱冠者男子通而相得者，約為夫婦，未聘輒引至男家姑親爲之濯足數日至送父母家方用媒妁以羊酒財帛之類爲禮爲而娶之凡子弟有職名則父兄跪拜受之自若父母亡不用僧道祭則用婦人祝于屍前諸親戚鄰人各持酒物於喪家聚少年百數人飲酒作樂歌舞達旦謂之娛屍婦人群聚擊碓杵爲戲數日而後葬亡則親者一人持大及刀前導送至葬所以板數片如馬槽之狀瘞之其人平生所用器皿盔甲戈盾之類壞之以懸于墓側而自去後絕無祭掃之禮也又有死三日之後命女巫剎生祭送謂達之遠去不使復還家也民家元祀先奉佛者小

百夷風俗頗同蒲人青紅布裹頭項所青綠小珠貫而係之多者為貴无則為賤也下穿花裩身掛花套長衣膝下係黑藤數遭婦人綰髻于腦後項帶青綠珠以花布圍腰為裙上係海肥帶十數圍以渉羅布係肩上為盛服赤脚而行渉水登山其疾如飛阿昌雲南誌作峩昌蠻者男子衣帽類百夷但不髡首黥足及語言為異婦人以花布係腰為裙脛裹青花行纏余與蒲婦同哈剌男女色如漆黑男子以花布為套衣亦有百夷粧飾者婦人類阿昌以紅黑裙藤係腰數十圍古剌男女色黑尤甚男子衣服粧飾類哈

刺以白布裹頭衣短衫露其腹以紅藤纏之莎羅布
為裙兩接上短下長男女同耕絹人色黑類哈剌男
子以白布裹頭衣白布大袖衫腰纏以布為枝貴者
布大袖丈余賤者不盈丈婦人領阿昌但以白布裹
頭而披花布為衣也哈杜稍類哈剌怒人頗類阿昌
蒲人阿昌哈剌哈杜怒人皆居山嶺種苦蕎為食余
則居平地或水边也言語皆不相通又有結豈者以
象牙為大环從耳尖穿至頰車以紅花布一尺許裹
頭而垂帶于後衣半身衫而袒其右肩婦人則未詳
也憂里境上諸夷風俗雖異然習百夷所為者多夷

人无陰陽医卜僧道之流事无大小皆以鷄骨占凶吉无推步日月星辰躔次之書不知四時節序惟望月之出沒以測時候人病則命師巫于路傍祭鬼而已地多平川土沃人繁村有巨者户以千百計然民不勤于務本不用牛耕惟婦人用钁鋤之故不能尽地利春夏多雨而秋冬多晴夏湿熱尤甚冬月常如中國仲春晝暖夜稍寒素无霜雪春秋因瘴居多人病單熱者必至不起者寒熱女併成瘧而可愈草木禽獸皆有異者有草小穩而尖实地方二三尺許穗自結爲一　衣染衣須臾至身有此草處烟瘴居多

路傍大木多二幹並生高三五丈許結爲連理鷄鳴无時自更深鳴至徹曉牝鷄亦然魚有鮎魚頭而鯉魚身者牛有水牛頭而黄牛身者又有牛峯如駝者市有滇池一畝許水沸如湯人不敢近飢者多以生肉投池煮而食之物之珍者犀象孔雀鱗蛇雲毋琥珀皆產其屬境白金齒過蒲縹將至怒江有屋沐山乃云南百夷界限也高山夾箐地險路狹馬不可並行過是山三里許即怒江渡江即百夷地也沿河下数十里上高黎共山即今之通今之通衢也高黎共山路亦頗險上二十里下一陡間復上三十里至山

巔夷人立柵爲砦過砦復下四十里許平地即芥列驛乃麓川江上流過此則无險阻之地矣一路從怒江西上二日程至騰衝府七日許到麓川一路從雲南縣白崖過景東從木通甸至灣甸渡河入芒市約十日程到麓川自怒江上流蒙來渡至景東沿河小渡十數處皆可人境也

曆說彙考卷六　　八[illegible]

九夷古事

九夷古事

一卷

〔明〕趙釴 撰

明抄本

古事

任野人

語曰禮失而求諸野夫野非所以為禮也而求之野者以埜猶足以存禮耳是故飲醇酎者思玄酒獻綺紈者慕裘葛囂繁奏者樂土鼓彼誠有味于其源也吾遊心羲皇之上久矣今雖不可得而見每攤卷見上古事未嘗不想像歎曰斯何時也今偶來貴州固昔所謂九夷之地問其俗數事尚有鴻荒野鹿之風因錄而傳之昔尼父亦欲居九夷或人止以陋譬之曰君子何陋之有雖不愚

来其意有在後解者曰君所居則化此豈夫子之意乎好古者當自神契云尒

木刻

夷人不立文字又與華人言語不同每有期會交貸或以竹或以木鍥其數以為券日以一日為一畫月則大為一畫物以一錢為一畫兩則大爲一畫既鍥而中剖之各藏其半取物時合刻則計數与之有不足則又鍥刻再爲之約日則如其期風雨必至甚則灼以火赴令之人愈疾無有背者此猶上古木刻之文也

剁諭

夷人畏鬼神重盟詛凡有反側既定之後約日計人剁牛撫諭既得片肉之後如其議不復敢抗意若不如議者有如此牛耳故稍不如意雖強之以肉亦不肯受雖苗人自相讎召亦如是所謂峒賊非牛不集非如漢人朝誓夕叛此猶歃血之遺也

負戴

昔神農時夫負妻戴以治天下孟子亦云班白者不負戴于道路不知所謂戴者何以為任苗氏凡負薪入市男則擔之女則以皮抹額繫于頸後屈躬而行

兩手下垂其輕重如男同立於市中市者如其價則首肯否則屹立不動至於玀玀雖男亦戴凡士夫過九夷其行李玀夫輙解去扛架以首任之重則承其半貯以衣囊另使一人同扛架爲負至其地復匣而還之不失一物此猶上古遺事也

讓道

夷婦凡遇人于道必趍而右立于艸莽中俟其旣過而後行雖重負入市立于道右不與市人並售其物即歸吾見京城中婦人與人同車錯坐乘驢遊市聯轡並行不少慚遊其視夷何如古人男女別于途此

其遺教也

蘆笙

夷人取蘆管為笙吹以為樂其長短悉如制長幼數人環繞庭前踏足而歌々聲嗚々立春日隨春牛蹈歌臺中不知所奏詢之土俗常以相是樂昔葛天氏吹蘆笙擊土鼓三人持牛尾投足以歌八曲後為音樂之始想亦此意今幸猶及見之

跳月

夷女未聘者於正二月々明時遇猴場率裝飾相携而往其未婚者于場中吹蘆笙而歌男女相悅者以

衣帶爲質輙自成婚常讀周禮中春之月合會男女是時也奔者不禁心竊疑之中古之時安得有此今以此觀之此猶古俗也其曰猴場者苗人以集爲場申日則稱猴寅日則稱虎巳日則稱蛇各有其地

屋廬

夷人無宮室立柱地中上覆以茅蓋去地不三四尺從屋東角闢門而入昔有巢氏編槿而廬緝藋而扉蜒塗茨翳以違禽獸之害或若此今數千年宮室之侈無地不然而夷人猶守其舊可爲有巢氏之民也

衣布帶索

太古之民穴居野處無有衣服先取其皮蔽前後取其皮蔽後今玀俗雖衣錦繡必以羊皮一幅佩于背上腰束以索雖宣尉輩見官則冠帶如礼退必負皮帶索〻曰飢飽飢則促束之飽則放之是能守古者也

髽首

鴻荒之時無有衣冠髽首椎髻今俗猶然無有一人冠者人皆咲之吾曰古人與遊也

野廩

吾聞上古之時置嬰巢中棲糧隴首今夷俗秋穫摘

穗束之以二十五斤為一縛兩縛為一秤食時始取而舂之去其草其藏必去其家數十步而遠為倉以儲之不與華人藏米同亦上事世也

戀主

夷人初為一姓所轄子孫世事之惟謹以理殺之不怨後被殘害則群起而攻之猶事其子雖别擇賢者為之主必不樂從之此猶有古之更置其君之意湯武知此可免負慚千古矣

席地

儸人得食以罷盛之衆環坐地上操一木杓從長至

幼倚遍取食食畢而散猶有古人席地而坐之意但無賓主百拜之礼耳

不再醮

夷婦從夫之後夫亡則不復戴髻雖甚少不改適男亦不娶曰兒婦雖為夷俗有上古從一以終之意去髻減容尤為中禮

以牛為礼

伏羲氏制嫁娶以儷皮為禮今夷俗議聘以牛多少為厚薄不如漢人之靡是亦儷皮遺意

重信

漢人有田皆在山谷中畏盜不能自耕必召夷人佃之夷人既佃其田遂以爲主盜至力禦之雖死不避稻將穫必入城請主人〻〻有他故則請主婦登場均分之主人不至雖飢餒不敢私刈至于藏之倉廩者守之尤慎故貴之居民与士大夫皆食夷人之力以不得已則告而後徙其重諾守信眞三代以上人也

服色

夷人以服色爲别如白仲家則衣白黑仲家則衣青花犵狫則衣繡裙其他類此人稱之亦以服色爲别

聞高麗至今衣白尚殷制也夷人各占一色世々尚之亦有古意

首無飾

上古之時長簪無飾今夷婦止有一簪束髻後有梳數把或木或牙以多寡為貧富耳有鐶々上貫銀鎖尺餘結于胸前防其墮也亦甚樸雅華人首飾之費一珠千金亦復何益去古遠矣

無姓

夷人無姓如苗曰苗家如玀玀曰玀々如犵狫蔡家仲家龍家雖各自為類其名率曰阿某者某老某不

復稱姓問之曰我其寨人也吾聞上古無姓黃帝始因生賜姓今中國之人充族則以姓為雄而小人則又假附甲姓甚則拜其墓而甘為之後世比媿矣

草屨

黃帝時則作扉屨〻〻草履也今夷俗無貴賤大小皆然婦人如其制以布為之雖宣慰以及土司見官則着靴及家則去之復著屨雖寒冬月亦然吾漢人不知幾變矣

從子正

仲家以十一月朔為歲首男女往來拜慶与元旦同

似用周正也

佩刀弩

上古之時避鳥獸之害行必佩刀劍今苗民不挾鏢弩則佩刀非是不出惟見官府暫去俗尚然也

藁舁

夷人父母之喪尋山阜僻處鑿一穴乘夜舁藏其中周匝圍以荆棘或罩以傘不復覆土此古之藁化風化也古人命之曰知生之民天下蓋不足治謂其不識不知耳

文字

字雖不與中國同其點畫形象覺有古意耶其數字

附于后

聖訓

[illegible]

孝順父母尊敬長上和睦鄉里教訓子孫各安生理

[illegible]

毋作非為

[illegible]

歌章

[illegible]

天地君親爲大兄弟手足之親孝乃人之百行忠在

人之本心士農工商各居其業禮義廉恥切着胸襟

子能孝父變冬爲春臣若忠君瑞氣盈門忠孝兩盡

萬古留名夫妻和睦家事必成弟兄友愛萬事和平

龍逢比干忠烈直臣管仲鮑子不顧分金田氏睦族樹

發紫荆鑑古來往是道常存綱常以正日月洞明乾

坤清泰宇宙光亨乃作霖雨又可調羹君臣慶

會龍虎相迎萬世永賴忠孝是存

九夷古事跋語

趙中丞問俗貴陽之暇適進百蠻之長椎

髻累纏之徒詢其夷風治其不平人之

各遂所願大歡而去於是公考其言語嗜欲土俗之異歟曰無懷葛天標枝野鹿昔聞斯語未造滋僞乃歎乃禽雕遊貴竹烏識世有茲人哉其人不立文字不繁禮數刻木為約誓不貳戴主而事外不畔種種有太古遺風漢人或未之遠也爰裒其散事名曰九夷古事非特補西南夷傳所未備亦思古之意也

嘉靖癸亥上巳況炌祺跋